图文古人游记

徐霞客游记

【明】徐霞客 ◎ 著

张全海 ◎ 译注

人民东方出版传媒

People's Oriental Publishing & Media

东方出版社

The Oriental Press

图书在版编目（ＣＩＰ）数据

徐霞客游记 / （明）徐霞客 著；张全海 译注 . — 北京：东方出版社，2023.11
ISBN 978-7-5207-3080-8

Ⅰ . ①徐… Ⅱ . ①徐… ②张… Ⅲ . ①《徐霞客游记》Ⅳ . ① K928.9

中国国家版本馆 CIP 数据核字 (2023) 第 167776 号

徐霞客游记
（XU XIAKE YOUJI）

作　　者：（明）徐霞客
译　　注：张全海
责任编辑：邢　远
出　　版：东方出版社
发　　行：人民东方出版传媒有限公司
地　　址：北京市东城区朝阳门内大街 166 号
邮　　编：100010
印　　刷：天津旭丰源印刷有限公司
版　　次：2023 年 11 月第 1 版
印　　次：2023 年 11 月第 1 次印刷
开　　本：650 毫米 ×920 毫米　1/16
印　　张：18
字　　数：200 千字
书　　号：ISBN 978-7-5207-3080-8
定　　价：88.00 元
发行电话：（010）85924663　85924644　85924641

总序

　　中国文化是一个大故事，是中国历史上的大故事，是人类文化史上的大故事。

　　谁要是从宏观上讲这个大故事，他会讲解中国文化的源远流长，讲解它的古老性和长度；他会讲解中国文化的不断再生性和高度创造性，讲解它的高度和深度；他更会讲解中国文化的多元性和包容性，讲解它的宽度和丰富性。

　　讲解中国文化大故事的方式，多种多样，有中国文化通史，也有分门别类的中国文化史。这一类的书很多，想必大家都看到过。

　　现在呈现给读者的这一大套书，叫作"图文中国文化系列丛书"。这套书的最大特点，是有文有图，图文并茂；既精心用优美的文字讲中国文化，又慧眼用精美图像、图画直观中国文化。两者相得益彰，相映生辉。静心阅览这套书，既是读书，又是欣赏绘画。欣赏来自海内外二百余家图书馆、博物馆和艺术馆的图像和图画。

"图文中国文化系列丛书"广泛涵盖了历史上中国文化的各个方面，共有十六个系列：图文古人生活、图文中华美学、图文古人游记、图文中华史学、图文古代名人、图文诸子百家、图文中国哲学、图文传统智慧、图文国学启蒙、图文古代兵书、图文中华医道、图文中华养生、图文古典小说、图文古典诗赋、图文笔记小品、图文评书传奇，全景式地展示中国文化之意境，中国文化之真境，中国文化之善境，中国文化之美境。

这是一套中国文化的大书，又是一套人人可以轻松阅读的经典。

期待爱好中国文化的读者，能从这套"图文中国文化系列丛书"中获得丰富的知识、深层的智慧和审美的愉悦。

王中江

2023 年 7 月 10 日

前言

徐霞客（1587—1641年），名弘祖，字振声，号霞客，明代地理学家、旅行家、探险家、文学家。他出生于南直隶江阴（今江苏省江阴市）富庶之家，幼年聪慧好学，受其父徐有勉熏染，博览图经地志，"特好奇书"，欲"问奇于名山大川"，素有"达人所之未达，探人所之未知"的志向。

万历三十三年（1605年），徐霞客十九岁，父亲去世。服孝三年后，他虽仍怀远游之志，但不忍离开年迈的母亲。然而"勤勉达观"的母亲看出了他的心思，并表示"弘祖之奇，孺人成之"，鼓励他勇敢地追寻自己的理想。万历三十六年（1608年），二十二岁的徐霞客正式出游。此后三十多年间，他背着行李，拄着手杖，足迹遍及大江南北，所到之处包括现在的江苏、浙江、安徽、山东、河北、山西、陕西、河南、湖北、福建、广东、江西、湖南、广西、贵州、云南等地区。徐霞客一边游览，一边考察，并将途经之地的人文、地理、动植物等情况作了详细记录。漫漫旅途，并非皆为坦途，除了经年累月的身心劳顿外，还时常面临安全问题。徐霞客曾在湘江遭遇强盗，财物也被洗劫一空。朋友因此劝他"再生不如息趾"，以躯命游的他却"不欲变余去志"，甚至以"吾荷一锸来，何处不可埋吾骨耶"的豪言作答。崇祯十三年（1640年），五十三岁的徐霞客在最后一次西南旅途中"两足俱废"，丽江木氏土司木增闻讯派人用车船将其送归故里。江阴地方官员去探望时问道："何苦来哉？"徐霞客回答："张骞凿空，未睹昆仑；唐玄奘、元耶律楚材衔人主之命，乃得西游。吾以老布衣，孤筇双屦，穷河沙，上昆仑，历西域，题名绝国，与三人而为四，死不恨矣。"一年后，徐霞客在家中病逝，留下了两百多万字的游记稿件。可惜，遗稿大多散佚，经由好友季会明等整理，六十余万字的巨著《徐霞客游记》于崇祯十五年（1642年）最终成书。

《徐霞客游记》包括天台山、雁荡（宕）山、黄山、庐山等十七篇名山游记，以及《浙游日记》《江右游日记》《楚游日记》《粤西游日记》《黔游日记》《滇游日记》等，宏大奇瑰，意义非凡，其中主要记述了徐霞客一生遍览之处的地理、水文、地质、植物等情况。其中，不仅对前人的地理学知识进行了科学的考证，而且纠正了地理学古籍中的错误。比如，否定《尚书》中"岷山导江"的说法，提出并证实了金沙江是长江的上游源头。此外，他也是世界范围内最早对喀斯特地貌进行探索研究的人。从体例上看，《徐霞客游记》分为日记、夹注、专条、札记四种。日记是游记的主干内容；夹注主要记录复杂内容或加以解释说明；专条主要是综述性内容；札记则主要是研究性、资料性的内容。这种形式很大程度上丰富了宋元以来的日记体游记。

　　本书编者以尊重原著为前提，主要从原著的文学角度和徐霞客游览路线出发，编选了原著"日记"部分的代表性片段，虽篇幅有限，但基本涵盖了徐霞客所到之处的游览历程。为方便阅读，还对同一地区的游记加以调整，如将"浙游日记上""浙游日记下"合并为"浙游日记"等。另外，本书还配有200余幅精美图片，以飨读者。

目录

游天台山日记

导读

　　天台山位于今浙江省天台县城北。《游天台山日记》有两篇，前篇写于明万历四十一年（1613年），在这篇游记中，徐霞客先简要描述了天台山周围的美景，后重点刻画了他在华顶峰、观断桥、珠帘瀑布等地游历时的所观所感。这篇游记大致描绘出了天台山的全貌，引人入胜。

　　后篇写于明崇祯五年（1632年），当时徐霞客游历了天台山西南诸景。其中记叙了徐霞客游览石笋、螺蛳潭、桐柏山、百丈龙潭等名胜的经过。对山、洞、水、林、建筑等景观进行了描摹，语言曼妙，展现了天台山独特的景致。

游天台山日记（前）

　　癸丑之三月晦^①，自宁海^②出西门。云散日朗，人意山光，俱有喜态。三十里，至梁隍山^③。闻此地於菟^④夹道，月伤数十人，遂止宿焉。

　　四月初一日，早雨。行十五里，路有歧，马首西向台山，天色渐霁。又十里，抵松门岭，山峻路滑，舍骑步行。自奉化^⑤来，虽越岭数重，皆循山麓；至此迂回临陟^⑥，俱在山脊。而雨后新霁，泉声山色，往复创变，翠丛中山鹃映发，令人攀历忘苦。又十五里，饭于筋竹庵。山顶随处种麦。从筋竹岭^⑦南行，则向国清^⑧大路。适有国清僧云峰同饭，言此抵石梁，山险路长，行李不便，不若以轻装往，而重担向国清相待。余然之，令担夫随云峰往国清，余与莲舟上人就石梁道^⑨。行五里，过筋竹岭。岭旁多短松，老干屈曲，根叶苍秀，俱吾阊门^⑩盆中物也。又三十余里，抵弥陀庵。上下高岭，深山荒寂，恐藏虎，故草木俱焚去。泉轰风动，路绝旅人。庵在万山坳^⑪中，路荒且长，适当其半，可饭可宿。

　　初二日，饭后，雨始止。遂越潦^⑫攀岭，溪石渐幽。二十里，暮抵天封寺。卧念晨上峰顶，以朗霁为缘，盖连日晚霁，并无晓晴。及五更梦中，闻明星满天，喜不成寐。

【注释】

① 癸丑之三月晦：即明万历四十一年的三月三十日，也就是1613年5月19日。癸丑，即癸丑年，此指明万历四十一年（1613年）。晦，农历每月最后一日。

台州府属全图

选自《浙江全图》
清绘本 （清）佚
名 收藏于法国国
家图书馆

天台山在明代属浙
江布政使司台州
府，清代沿袭明代
旧制，民国时期归
属会稽道，中华人
民共和国成立后亦
曾改过归属，今属
台州市。由此地图
可知，天台山所属
的天台县位于台州
府东南。

西至處州府縉雲縣界貳伯壹拾玖里

北至紹興府新昌縣界壹佰拾郡

天台县图

选自《浙江全图》
清绘本 （清）佚
名 收藏于法国国
家图书馆

由此地图可知，天
台山位于天台县城
偏南部，与赤城山、
司马悔山、蔓萝山
等相邻。

北至嵊縣海路縣界　南至本府路縣界

西至金華府東陽縣界壹伯捌拾叁里

北至紹興新昌縣　東至紹興府新昌縣

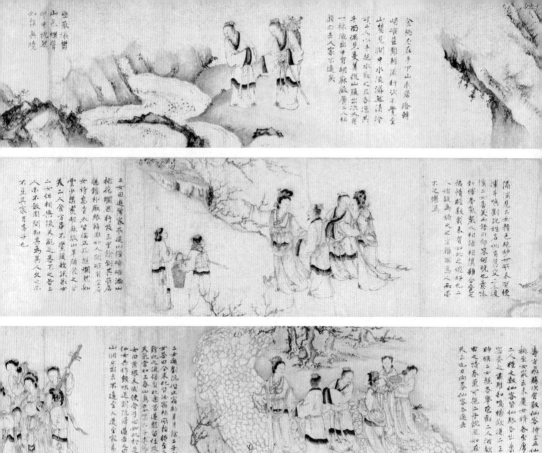

《刘晨阮肇入天台山图》

（元）赵苍云　收藏于美国纽约大都会艺术博物馆

天台山山系众多，素有"大八景，小八景，有名有胜三十景，究竟共有多少景，数来数去数不清"的说法。天台山又以"佛宗道源，山水神秀"闻名遐迩，是佛教天台宗和道教南宗的发源地。作为"佛国仙山"，这里充满了神话传说，其中"刘晨阮肇入天台山"的传说便是源于此。

赵苍云采用白描手法绘出一则民间传说故事。画卷中描绘的是东汉刘晨与阮肇二人入天台山采药时与仙女相遇相识并成亲，后又分离的过程。卷中绘有一条惆怅溪，传说刘阮二人在溪边与仙妻依依惜别，溪名沿用至今。

② 宁海：明代县名，隶属台州府，即今浙江宁海县。

③ 梁隍山：即今"梁皇山"，位于浙江宁海县，南北朝梁宣帝为避侯景之乱曾隐居于此，遂名"梁皇山"。

④ 於菟（wū tú）：古时楚国人对虎的称呼。

⑤ 奉化：明代县名，隶属宁波府，即今浙江省奉化市。

⑥ 临陟（zhì）：上下攀爬。临，由上到下。陟，登高。

⑦ 筋竹岭：一说指金岭，位于宁海县、天台县之间。

⑧ 国清：即国清寺，位于浙江省台州市天台县城关镇。隋开皇十八年建造，原名为"天台寺"，后更名"国清寺"。

⑨ 莲舟：江阴迎福寺僧人。上人：对持戒严格并精于佛学的僧侣之尊称。

⑩ 阊（chāng）门：苏州城的城门之一，这里代指苏州。

⑪ 坳（ào）：山间平地。

⑫ 潦：道路的流水或积水。

▶《弘农渡虎图》
（明）朱端　收藏于北京故宫博物院

弘农，汉至宋时期设立的一个行政区，属今河南省三门峡市灵宝市东北地区。画面中刘昆等人在山中巡视时，偶遇山虎驮子过河，扬长而去。意在赞扬在东汉弘农太守刘昆治理下，弘农县政清民和，一片祥宁，老虎都不忍在此处作恶，携子离去。

【译文】

癸丑年三月三十日，从宁海西城门出行。浮云消散，日光明朗，人的心情和山野的风光，似乎都带着喜悦之态。走了三十里路，来到了梁隍山。听说这里沿途有老虎出没，一个月就伤了数十人，于是在此停宿。

四月初一，早上有雨。走了十五里路后，出现了岔道，于是掉转马头朝西向天台山方向走，天色渐渐放晴。又走了十里，到达松门岭，此处山势陡峻，道路湿滑，不便骑马，遂徒步而行。从奉化一路走来，虽然翻越了不少山岭，但都是沿着山脚行走，到了这里却要绕来绕去上下攀爬，还都是在山脊处翻越。不过，雨后初晴，泉水的声响和山间的景致，反复不断，时变时新，翠绿的树丛里，杜鹃花掩映绽放，让人忘了跋涉之苦。又走了十五里，在筋竹庵吃了饭。山顶到处都种着麦子。从筋竹岭朝南走，便是通向国清寺的主路。刚好有国清寺僧人云峰一起吃饭，云峰说从这里到石梁山险路远，不便携带行李，不如轻装上阵，将沉重的行李交予担夫带去国清寺等候。我对他的建议也很认同，就让担夫跟着云峰前往国清寺，我和莲舟上人走上去石梁的路。往前走五里，翻过筋竹岭。山岭周围有很多矮小的松树，苍老的枝干弯弯曲曲，树根和树叶青翠秀丽，像是我们阊门盆景中的赏玩之物。又走了三十多里，到达了弥陀庵。这里山岭巍峨，荒芜僻静，人们怕老虎藏匿在此处伤人，便把草木都烧光了。这里泉水叮咚作响，山风吹动，路上一个行人也没有。弥陀庵位于众山的山坳中，往来道路荒远，而它恰好位于中途，可以在这里吃饭或住宿。

初二日，吃过饭后雨才停。于是蹚过积水，攀越山岭，溪流与山石渐渐显得清幽。走了二十里路，傍晚时分到达天封寺。躺在床上想着明天早晨登上峰顶的事情，若天气晴朗便是有缘，因为连日来都是傍晚放晴，并没有拂晓放晴的情况。到五更从梦中醒来，听仆人说明亮的星星挂满了天空，便开心得再也睡不着了。

过上方广①，至石梁，礼佛昙花亭，不暇细观飞瀑。下至下方广，仰视石梁飞瀑，忽在天际。闻断桥、珠帘尤胜，僧言饭后行犹及往返，遂由仙筏桥向山后。越一岭，沿涧八九里，水瀑从石门泻下，旋转三曲。上层为断桥，两石斜合，水碎迸石间，汇转入潭；中层两石对峙如门，水为门束，势甚怒；下层潭口颇阔，泻处如阈②，水从坳中斜下。三级俱高数丈，各极神奇，但循级而下，宛转处为曲所遮，不能一望尽收。又里许，为珠帘水，水倾下处甚平阔，其势散缓，滔滔汩汩。余赤足跳草莽中，揉③木缘崖，莲舟不能从。暝色④四下，始返。停足仙筏桥，观石梁卧虹，飞瀑喷雪，几不欲卧。

【注释】

① 上方广：即上方广寺。中国佛教宗派法华宗（即天台宗）著名寺院之一。

② 阈（yù）：门槛。

③ 揉（róu）：攀缘。

④ 暝（míng）色：暮色，夜色。

《仿古山水》册

（清）王翚　收藏于美国纽约大都会艺术博物馆

王翚，字石谷，号耕烟散人、清晖老人等，江苏常熟人，素善画山水，他承前启后，师法自然，人称"清初画圣"。

《松溪归渔图》

（元）唐棣　收藏于美国纽约大都会艺术博物馆

《双松流泉图》

（清）恽寿平 收藏于安徽博物院

《松亭试泉图》

（明）仇英 收藏于中国台北故宫博物院

【译文】

　　经过上方广寺，来到石梁，在昙花亭里拜了拜佛，来不及细细欣赏飞瀑的景致。往下走到了下方广寺，仰观石梁飞瀑，仿佛自天际奔泻直下。听闻断桥、珠帘的景色更为壮丽，僧人说饭后再去仍来得及往返，于是便经仙筏桥向山后走去。翻越一座山岭，沿着山涧走了八九里路，溪水形成的瀑布从石门上倾泻而下，旋转形成三个水湾。上面一层为断桥，两块石头倾斜着合在一起，溪水在石头间飞溅，汇集后流转进入深潭；中间的两块磐石就如同一道门，对峙而立，溪水被石门束缚，水势十分汹涌；下层水潭出水口很宽阔，水流下泻的地方就像一道门槛，水从下注的地方倾斜向下流。三个层次的瀑布都有数丈高，其景象都十分奇妙，只是顺着层级向下走，在弯道处被水湾遮挡住了，不能一览而尽。又走了大约一里路，便到了珠帘水，水流倾泻下来的地方平整宽阔，水势分散缓慢，水流源源不断。我光脚跃进草丛里，攀扶着树木和石崖往前走，莲舟上人不能跟从。夜幕四面降临时，才返回。之后在仙筏桥停下步伐，欣赏着石梁拱桥上方倒卧着的彩虹，飞瀑喷溅出的水花如雪一般，看得我都不想回去休息了。

　　自坪头潭行曲路中三十余里，渡溪入山。又四五里，山口渐夹，有馆曰桃花坞。循深潭而行，潭水澄碧，飞泉自上来注，为鸣玉涧。涧随山转，人随涧行。两旁山皆石骨，攒①峦夹翠，涉目成赏，大抵胜在寒、明两岩间。涧穷路绝，一瀑从山坳泻下，势甚纵横。出饭馆中，循坞②东南行，越两岭，寻所谓"琼台"③"双阙"④，竟无知者。去数里，访知在山顶。与云峰循路攀援，始达其巅。下视峭削环转，一如桃源，而翠壁万丈过之。峰头中断，即为双阙；双阙所夹而环者，即为琼台。台三面绝壁，后转即连双阙。余在对阙，日暮不及复登，然胜已一目尽矣。遂下山，从赤城后还国清，凡三十里。

【注释】

① 攒（cuán）：簇拥，聚集。

② 坞（wù）：四面高中间低的山洼。

③ 琼台：形如马鞍，台上有石形似椅子，称为"仙人坐"。"琼台夜月"为"天台八景"之一。

④ 阙（què）：古代宫殿、祠庙或陵墓前的高台，一般左右两边都有一个，台上建有楼观，中央留缺做道，所以称为"阙"或"双阙"。这里的天然峰崖形如一对阙楼，故名"双阙"。

【译文】

从坪头潭起走了三十多里弯曲的山路，渡过小溪进入山里。又走了四五里路，山口逐渐变窄，遇到有一所叫桃花坞的客舍。顺着深潭前行，潭水澄澈碧绿，飞泻的泉水自山上倾注下来，这就是鸣玉涧。涧水随着山势流转，人随着涧水前行。鸣玉涧两边都是坚硬的石山，聚拢的峰峦夹杂着青翠的草木，目光所及之处都是美景，它们大都分布在寒岩、明岩之间。涧水到了尽头，也就没路了。一条瀑布从山坳飞流直下，水势奔流无阻。出了山口到桃花坞用饭，饭后沿着山坞往东南方前行，翻越两山，去寻找所谓的"琼台""双阙"，竟无人知晓。走出几里路后，才得知它们原来在山顶。和云

峰僧人顺着山路攀行而上，到达山顶。俯视陡峭的山势，完全和桃源洞一样，不过，布满青翠草木的万丈岩壁要胜过桃源洞。峰顶从中间断开，就形成了双阙；双阙相夹环绕的地方，便是琼台。琼台三面皆为崖壁，后面转过去与双阙相连。我站在对面的阙上，因天色已晚，来不及再登上另一阙，不过所有秀美的景致已然尽收眼底。于是下山，于赤城后面返回国清寺，共走了三十里路。

《仿范宽秋山瀑布图》

（清）唐岱　收藏于中国台北故宫博物院

画面中高山叠错，翠树林立，屋舍俨然，山腰上一条小路向远方延伸，多条瀑布自山顶倾流直下汇入溪洞。

游天台山日记（后）

十八日，仲昭坐圆通洞，寺僧导余探石笋之奇。循溪东下，抵螺溪。溯溪北上，两崖峭石夹立，树巅飞瀑纷纷。践石蹑①流，七里，山回溪坠，已至石笋峰底，仰面峰莫辨，以右崖掩之也。从崖侧逾隙而下，反出石笋之上，始见一石矗立涧中，涧水下捣其根，悬而为瀑，亦水石奇胜处也。循溪北转，两崖愈峭，下汇为潭，是为螺蛳潭，上壁立而下渊深。攀崖侧悬藤，踞石遥睇②其内。潭上石壁中劈为四，歧若交衢③，然潭水下薄④，不能窥其涯涘⑤。最内两崖之上，一石横嵌，俨若飞梁。梁内飞瀑自上坠潭中，高与石梁等。四旁重崖回映，可望而不可即，非石梁所能齐也。闻其上有"仙人鞋"，在寒风阙之左，可逾岭而至。雨骤，不成行，还憩松风阁。

【注释】

① 蹑（niè）：踩或踏。

② 睇（dì）：斜视；流盼。

③ 交衢（qú）：道路交错要冲之处。衢，四通八达的道路。

④ 薄（bó）：迫近。

⑤ 涯涘（yá sì）：水的边际。

《仙侣观瀑图》

（南宋）马远　收藏于中国
台北故宫博物院

画中幽谷静谧，云雾缭绕，
一侧飞瀑倾流，近处崖石突
兀怪异，意境幽雅。崖台上
两位高士坐而论道，带鹤老
者拄杖而来，书童抱书缓行
于栈道上。

【译文】

十八日族兄仲昭坐在圆通洞里，高明寺的僧人带我去探寻石笋峰奇景。沿着溪水往东，来到螺溪。逆螺溪北上，两面的山崖峭石相夹而立，树梢上飞瀑纷流。踩着石头和流水前行，走了七里路，山势回环，溪流顺流而下，已经走入了石笋峰底，抬头仰望石笋峰却无法辨认，因为视线被右侧的峭壁遮挡住了。从崖壁侧面的间隙往下走，反而行至石笋峰上，这才看到一块岩石耸立于山涧，涧水下走直入岩石根部，挂在空中形成瀑布，也算是一处水石奇异的美景了。顺着溪流往北转，两面的崖壁越来越陡峭，岩壁下的溪水汇积成潭，这就是螺蛳潭，潭上石崖壁立，而潭下水深不可测。从崖壁一侧悬垂的藤蔓攀缘而上，盘腿坐在崖壁上看螺蛳潭，潭上石壁从中间分成四块，岔口处像纵横交错的道路一样，而潭水迫近下方，无法看见潭水的边缘。最内侧的两块崖石上，一块岩石横嵌其中，很像凌空飞架的石桥。"石桥"里飞泻的瀑布自崖石坠入潭中，瀑布的高度与"石桥"等同。四周一层层石崖回绕掩映，可望而不可即，这景致不是石梁飞瀑能比的。听说瀑布上有处"仙人鞋"，在寒风阙左边，翻过山岭就能到。天突然下起大雨，没能去成，于是回到松风阁歇息。

至赤城麓，仰视丹霞层亘，浮屠①标其巅，兀立②于重岚攒翠间。上一里，至中岩，岩中佛庐新整，不复似昔时凋敝。时急于琼台、双阙，不暇再蹑上岩，遂西越一岭，由小路七里，出落马桥。又十五里，西北至瀑布山，左登岭五里，上桐柏山。越岭而北，得平畴一围，群峰环绕，若另辟一天。桐柏宫正当其中，惟中殿仅存，夷、齐③二石像尚在右室，

《采薇图》

（宋）李唐　收藏于北京故宫博物院

此卷描绘了商代末期伯夷、叔齐不食周粟，饿死在首阳山的故事。伯夷，子姓，墨胎氏，名允，字公信，商纣王末期孤竹国第七任君主亚微的长子。叔齐是伯夷的弟弟。二人将王位让给他们另一个弟弟亚凭后到周地部落生活。周武王伐纣后，因伯夷和叔齐不满作为武王伐君而力谏。待周灭亡商后，二人隐居于荒凉的首阳山上，拒食周粟以示忠心，最终饿死。

雕琢甚古，唐以前物也。黄冠久无住此者，群农见游客至，俱停耕来讯，遂挟一人为导。西三里，越二小岭，下层崖中，登琼台焉。一峰突瞰重坑，三面俱危崖回绕。崖右之溪，从西北万山中直捣峰下，是为百丈崖。崖根涧水至琼台脚下，一泓④深碧如黛⑤，是名百丈龙潭。峰前复起一峰，卓立如柱，高与四围之崖等，即琼台也。台后倚百丈崖，前即双阙对峙，层崖外绕，旁绝附丽。登者从北峰悬坠而下，度坳脊处咫尺，复攀枝仰陟⑥而上，俱在削石流沙间，趾无所着也。从台端再攀历南下，有石突起，窟其中为龛，如琢削而就者，曰仙人坐。琼台之奇，在中悬绝壑，积翠四绕。双阙亦其外绕中对峙之崖，非由涧底再上，不能登也。

【注释】

① 浮屠：梵语"窣堵波"的误译，这里指佛塔。

② 兀（wù）立：笔直挺立。

③ 夷、齐：即伯夷、叔齐，伯夷为商末孤竹君的长子，叔齐为其三子。武王灭商后，他们二人不食周粟，采薇而食，最后饿死在首阳山上。

④ 泓（hóng）：一片水深而广的样子。

⑤ 黛（dài）：深青色。

⑥ 陟（zhì）：登高。

【译文】

来到赤城山麓，抬头仰望，红霞般的山崖重叠连绵，一座位于山顶的佛塔，矗立在山间的层层云雾和葱翠的草木间。往上走了一里，到达中岩，这里的佛寺重新修葺过，不似从前那般凋敝。此时我急于去琼台、双阙，来不及再攀登上岩，于是向西翻过一座山峰，沿小路行了七里，走出落马桥。又走了十五里路，来到西北方向的瀑布山，从左边攀爬上岭，走了五里，来到桐柏山。翻山越岭向北走，看到一片平旷之地，四周群山环抱，宛若是另开辟的一方天地。桐柏宫位于这片地中央，但只剩中殿尚存，伯夷、叔齐的两尊石像还存放于右边的房间内，雕刻的工艺颇为古朴，是唐代以前的遗物。已经许久未见道士住在这里了，一群农家人见有游者来此，暂停耕作而上前询问，于是拉住一个作为向导。向西行进三里，翻越两座小山，下到层层崖中，便踏入了琼台。其中一峰突起，俯瞰深坑，三面都盘绕着巍峨的崖石。山崖右方的溪流，从西北方的万山丛中横冲直下，这便是百丈崖。崖底涧水流至琼台脚下，一池清水深绿如黛，这便是百丈龙潭。山峰前的又一座山峰，像柱子般屹立其中，高度与周围的山峰相等，这就是琼台。琼台背靠百丈崖，前与双阙对立，四周为山崖盘绕，琼台周围没有附着物。攀登琼台之人要从北峰直直而下，穿越似乎近在咫尺的山脊下凹处，再攀缘树木仰头往上爬，走在崎岖的岩石和流沙之间，没可以落脚的地方。从琼台前面的边缘向南攀缘而下，有一块突兀且中间凹陷的石头，上面有个像雕凿而成的佛龛，叫作仙人坐。琼台的妙处，在于高挂于陡深的沟壑中央，四面围绕繁茂的草木。双阙也是琼台外围一对对峙的山崖，若非从涧底向上走，不然是无法登上去的。

由坪头潭西南八里，至江司①陈氏。渡溪左行，又八里，南折入山。陟小岭二重，又六里，重溪回合中，忽石岩高峙，其南即寒岩，东即明岩也。令僮②先驰，炊于明岩寺，余辈遂南向寒岩。路左俱悬崖盘列，中有一洞岈然③。洞前石兔蹲伏，口耳俱备。路右即大溪萦回，中一石突出如擎盖，心颇异之。既入寺，向僧索龙须洞、灵芝石，即此也。寒岩在寺后，宏敞有余，玲珑未足。由洞右一穴上，视鹊桥而出。由旧路一里，右入龙须洞。路为莽棘所翳④，上跻里许，如历九霄。其洞圆耸明豁，洞口斜倚一石，颇似雁宕之石梁，而梁顶有泉中洒，与宝冠之芭蕉洞如出一冶。下山，仍至旧路口，东溯小溪，南转入明岩寺。寺在岩中，石崖四面环之，止东面八寸关通路一线。寺后洞窈窕⑤非一，洞右有石笋突起，虽不及灵岩之雄伟，亦具体而微矣。

【注释】

① 江司：一说"张思"，该村多数村民姓陈。

② 僮（tóng）：古称未成年的男子，一般指未成年的仆人。

③ 岈（yá）然：高山深邃的样子。

④ 翳（yì）：遮蔽。

⑤ 窈窕（yǎo tiǎo）：一般用来形容女子娴静美好，这里形容景致美妙。

【译文】

　　由坪头潭往西南走八里路，到了江司的陈家。渡到溪流左岸走，又走了八里路，往南转进山里。攀上两座小山，又行进六里路，在回环闭合的溪流之间，忽见一块挺立的石岩，它的南边是寒岩，东边便是明岩。于是让童仆先行，去明岩寺煮饭，我们便向南去了寒岩。路左全是回绕排列的悬崖，崖中有个十分深邃的山洞。山洞前卧着石兔，嘴和耳朵都很完备。道路右边是曲折回环的大溪，其中有一块岩石突出水面，像高举的伞盖，我觉得奇异，便走进寒岩寺，向僧人打听龙须洞、灵芝石，得知就是刚刚看到的山洞和奇石。寒岩位于寺后，寒岩洞宽敞宏大，并不小巧。从洞右侧洞穴上去，观赏完鹊桥后出来。沿原路走了一里，从右方进入龙须洞。道路被荒草和荆棘丛遮蔽着，向上攀登一里左右，犹如进入九霄云外。龙须洞洞顶圆形高耸，明亮开阔，洞口倚着一块大石，像极了雁宕山的石梁，而石梁顶有泉水倾洒，与宝冠寺的芭蕉洞毫无二致。下山，仍返回原路口，向东则逆溪而行，往南则转入明岩寺。明岩寺在石岩中央，四面石崖围绕，唯有东边的八寸关有一条如线般狭小的过道。寺后的山洞里，美妙的景致不止一处，洞内右侧有石笋突起，虽然不比灵芝石雄伟，但形态也算是初具规模了。

▶《十万图》册

（清）任熊　收藏于北京故宫博物院

此图册共绘十幅青绿山水小作，因每幅画名皆以"万"字开头，因此称为"十万图册"。

此画册取景于苏州太湖、杭州西湖、苏州太平山，以及潇湘之景等，手法细致，富有装饰美感，独特的设色与用纸技巧也是一大亮点。

万笏朝天

万横香雪　　　　　　　　万竿烟雨　　　　　　　　万壑争流

万卷诗楼　　　　　　　　万林秋色

万丈空流　　　　　　　　万点青莲

万松叠翠　　　　　　　　万峰飞雪

游雁宕山日记

导　读

　　雁宕山（今称雁荡山），位于浙江省乐清市雁荡镇，素有"海上名山、寰中绝胜""东南第一山"之誉。《游雁宕山日记》有前后两篇，前篇写于万历四十一年（1613年）。徐霞客用简洁的语言描绘了北雁荡山复杂独特的景致，其中重点描述了北雁荡山"三绝"（即灵峰、灵岩、大龙湫），文字生动形象，奇峻优美。

　　后篇写于明崇祯五年（1632年），这是徐霞客第三次游历雁宕山。由于时间充裕，徐霞客游遍了雁山诸胜，他考察了天聪洞，目睹了鹿群，游历了显圣门和雁湖。

温州府属全图

选自《浙江全图》清绘本 （清）佚名 收藏于法国国家图书馆

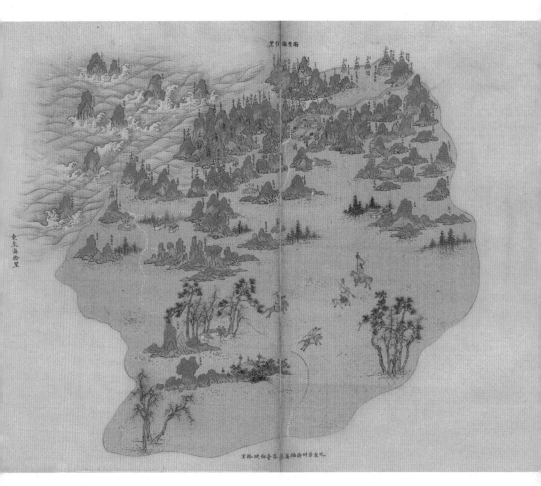

乐清县图

选自《浙江全图》清绘本　（清）佚名　收藏于法国国家图书馆

《载敬堂集》记载："雁宕山以瓯江自然断裂，分北雁宕山和南雁宕山。以景观区位分有北雁宕山、南雁宕山、西雁宕山、东雁宕山、中雁宕山之称。"由图中可知，北雁宕山位于乐清县城西南山区，毗邻芙蓉山。

游雁宕山日记①（前）

二十里,登盘山岭。望雁山诸峰,芙蓉插天,片片扑人眉宇。又二十里,饭大荆驿。南涉一溪,见西峰上缀圆石,奴辈指为两头陀,余疑即老僧岩,但不甚肖。五里,过章家楼,始见老僧真面目:袈衣秃顶,宛然兀立,高可百尺。侧又一小童伛偻②于后,向为老僧所掩耳。自章楼二里,山半得石梁洞。洞门东向,门口一梁,自顶斜插于地,如飞虹下垂。由梁侧隙中层级而上,高敞空豁。坐顷之,下山。由右麓逾谢公岭③,渡一涧,循涧西行,即灵峰道也。一转山腋,两壁峭立亘天,危峰乱叠,如削如攒,如骈笋,如挺芝,如笔之卓,如幞④之欹⑤。洞有口如卷幕者,潭有碧如澄靛者。双鸾、五老,接翼联肩。如此里许,抵灵峰寺。循寺侧登灵峰洞。峰中空,特立寺后,侧有隙可入。由隙历磴⑥数十级,直至窝顶,则宕然⑦平台圆敞,中有罗汉诸像。坐玩至暝色,返寺。

【注释】

① 雁宕山:即雁荡山,位于浙江省温州市和台州市南部。

② 伛偻(yǔ lǚ):腰背弯曲,驼背,曲身。表示恭敬。

③ 谢公岭:位于今浙江省乐清市东北,相传晋代诗人谢灵运曾到此游览,因此得名,岭上还有为纪念谢灵运而修建的落屐亭。

④ 幞(fú):古代男子的头巾,又称为"幞头"。

⑤ 敧（qī）：倾斜。

⑥ 磴（dèng）：石头台阶。

⑦ 窅（yǎo）然：幽深遥远的样子。

【译文】

　　走了二十里路，进入盘山岭。遥望雁宕山山峰，如芙蓉般直插云天，一处处景致扑面而来。又走了二十里路，在大荆驿用饭。往南过了一条溪流，便看到西面山峰上装饰着圆石，仆人们觉得是两个行脚僧，我怀疑那是老僧岩，但又感觉不太像。行进五里路，经过章家楼，这才看清楚老僧岩的真容：披着袈裟，光头，栩栩如生地立着，高约百尺。旁边还有一个孩童弯着腰跟在后面，之前是被老僧遮住了。从章

谢灵运像

选自《白莲社图》　（北宋）张激　收藏于美国纽约大都会艺术博物馆

谢灵运，东晋与刘宋时期（南北朝）名臣、诗人，以山水诗著称，代表作有《石壁精舍还湖中作》《入彭蠡湖口》《登永嘉绿嶂山诗》《石室山诗》等。

家楼朝前走了二里路，在半山腰找到了石梁洞。洞门朝东，前面有一个"石桥"，由山顶倾斜插向地面，好似飞虹垂落。从石桥一侧的缝隙，沿石阶层层而上，高处宽阔豁朗。坐了一段时间才下山。经右边的山麓翻过谢公岭，踏过一山涧，沿山涧往西走，便是通往灵峰的路。刚转到山侧，就看到两壁陡立，横亘于天际，险峰杂乱重叠，有的像刀削般直立，有的像群峰相拥，有的如并列的山笋，有的像劲拔的灵芝，有的如笔一般挺立，有的像头巾那般歪斜。有的洞口像卷起的帐幕，有的潭水则碧绿如同澄澈的蓝靛。双鸾峰像双飞鸾，五老峰则如五位老翁并肩而行。如此走了一里多的路，到了灵峰寺，沿山路又走进灵峰洞。灵峰是中空的，独立于灵峰寺后，它的侧面有缝隙便于进入。从缝隙处经数十级石阶直达窝顶，可以看到深远处有宽敞的圆形平台，其中有很多罗汉像。坐在平台上欣赏景色，直到天黑才返回寺里。

《山水书法》册页
（明）恽向　收藏于
美国纽约大都会艺术
博物馆

恽向在每幅画旁阐述绘
画方面的知识性内容，
来表达自己对山水画的
见解。

恽向（1568—1655），
原名本初，字道生、曙
臣，号香山，尤擅长作
山水诗画，早年学董源、
巨然，笔锋劲道淋漓，
晚年喜倪瓒、黄公望风
格，更加自然流畅。年
轻时曾在朝为官，后弃
官还乡，专心绘画，并
改名恽向。他的画作皆
为山水题材，人赞"悬
笔中锋而有力，用墨浓
湿不浊，但觉近于奇癖
耳。"

从灵峰右趾觅碧霄洞。返旧路，抵谢公岭下。南过响岩，五里，至净名寺路口。入觅水帘谷，乃两崖相夹，水从崖顶飘下也。出谷五里，至灵岩寺。绝壁四合，摩天劈地，曲折而入，如另辟一寰界①。寺居其中，南向，背为屏霞嶂②。嶂顶齐而色紫，高数百丈，阔亦称之。嶂之最南，左为展旗峰，右为天柱峰。嶂之右胁介于天柱者，先为龙鼻水。龙鼻之穴从石罅③直上，似灵峰洞而小。穴内石色俱黄紫，独罅口石纹一缕，青绀④润泽，颇有鳞爪之状。自顶贯入洞底，垂下一端如鼻，鼻端孔可容指，水自内滴下注石盆。此嶂右第一奇也。西南为独秀峰，小于天柱，而高锐不相下。独秀之下为卓笔峰，高半独秀，锐亦如之两峰。南坳轰然下泻者，小龙湫也。隔龙湫与独秀相对者，玉女峰也。顶有春花，宛然插髻。自此过双鸾，即极于天柱。双鸾止两峰并起，峰际有"僧拜石"，袈裟伛偻，肖矣。由嶂之左胁，介于展旗者，先为安禅谷，谷即屏霞之下岩。东南为石屏风，形如屏霞，高阔各得其半，正插屏霞尽处。屏风顶有"蟾蜍石"，与嶂侧"玉龟"相向。屏风南去，展旗侧褶中，有径直上，磴级尽处，石阈限之。俯阈而窥，下临无地，上嵌崆峒⑤。外有二圆穴，侧有一长穴，光自穴中射入，别有一境，是为天聪洞，则嶂左第一奇也。锐峰叠嶂，左右环向，奇巧百出，真天下奇观！而小龙湫下流，经天柱、展旗，桥跨其上，山门临之。桥外含珠岩在天柱之麓，顶珠峰在展旗之上。此又灵岩⑥之外观也。

【注释】

① 寰（huán）界：世界。

② 嶂（zhàng）：又高又险，像屏障的山。

③ 罅（xià）：裂缝。

④ 青绀（gàn）：深青透红。

⑤ 崆峒（kōng dòng）：这里指山洞。

⑥ 灵岩：又名屏霞嶂，矗立入云，形状就像一道屏风。

【译文】

从灵峰右山脚下开始探找碧霄洞。回到旧路，到了谢公岭下面。向南走经过响岩，走了五里，到了净明寺路口。入山寻水帘谷，是两山壁相夹，溪水从山顶上落下。出谷走五里，便进入灵岩寺。这里四面崖壁环绕，上逼高空，下破大地，有蜿蜒曲折的小路通入，好像是另外开辟的一片广大的世界。灵岩寺位于其中，面朝南，背靠屏霞嶂。屏霞嶂的顶部平展，岩石呈紫色，有几百丈高，宽与高近乎同。屏霞嶂的最南侧，左为展旗峰，右为天柱峰。屏霞嶂右侧与天柱峰相连接的地方，最先映入眼帘的是龙鼻水。龙鼻水的出水口从岩隙直直往上，似灵峰洞却稍小。穴内岩石均为黄紫色，唯独缺口处有一处为青红色，且色彩润泽，似龙鳞龙爪的形状。自洞顶行至洞底，落下的一端似鼻，鼻头的孔洞可以接纳手指，水自孔内滴入石盆。这是屏霞嶂之右第一奇观。屏霞嶂西南边是独秀峰，比天柱峰小，可高度和尖峭程度却差不多。独秀峰下面是卓笔锋，有独秀峰一半高，尖峭程度也与这两座山峰差不多。南侧山坳中，砰然下注的水流，则为

《雁宕图》卷（局部）

（元）李昭　收藏于上海博物馆

此卷是作者根据自己在雁宕山的游历顺序依次绘出，包括游历过的山石林草、庙宇，以及溪流，共七处，每一幅画面中皆有名称，有"双峰""石梁寺""罗汉寺""谢公岭""小龙湫""天柱山""僧抱石""灵岩""马鞍岭""大龙湫"等。

小龙湫（瀑布）。隔着小龙湫与独秀峰相对的是玉女峰，峰顶上遍布花草，像极了女孩子发辫上的饰品。从这个地方经过双鸾峰，在天柱峰就到达尽头。双鸾峰仅两峰并排而起，峰上有一块"僧拜石"，身着袈裟，佝偻身躯，像极了老僧。屏霞嶂的左侧与展旗峰之间的地方，最前面的是安禅谷，安禅谷是屏霞嶂底层的石面。东南侧为石屏风，其形似屏霞嶂，高与宽各有屏霞嶂的半数，刚好插于屏霞嶂的末端。石屏风顶上有一块"蟾蜍石"，它与屏霞嶂一侧的"玉龟石"相向而立。自石屏风往南，经展旗峰一侧褶皱间的小路向上走到石阶的终点，有一石门槛儿阻拦。自此处俯身探查，向下看是虚空，不见地，上面嵌有山洞。展旗峰外侧包含两个圆洞，侧边有一个长形的洞，光线从洞口射入，别有一番境界，即为天聪洞，这是左屏霞嶂第一奇观。尖利的山岭层峦叠嶂，左右环绕对立，奇景层出叠见，真是天下奇观！小龙湫瀑布的水途经天柱峰、展旗峰，有石桥卧于水面，而灵岩寺的山门面向此桥。桥外，可见含珠岩位于天柱峰的山麓，顶珠峰则位于展旗峰上面。这便是灵岩寺外的景致了。

十三日出山门，循麓而右，一路崖壁参差，流霞映彩。高而展者，为板嶂岩。岩下危立而尖夹者，为小剪刀峰。更前，重岩之上，一峰亭亭插天，为观音岩。岩侧则马鞍岭横亘于前。鸟道[①]盘折，逾坳右转，溪流汤汤[②]，涧底石平如砥。沿涧深入，约去灵岩十余里，过常云峰，则大剪刀峰介立涧旁。剪刀之北，重岩陡起，是名连云峰。从此环绕回合，岩穷矣。龙湫[③]之瀑，轰然下捣潭中，岩势开张峭削，水无所着，腾空飘荡，顿令心目眩怖。潭上有堂，相传为诺讵那[④]观泉之所。堂后层级直上，有亭翼然。面瀑踞坐久之，下饭庵中，雨廉纤⑤不止，然余已神飞雁湖山顶。遂冒雨至常云峰，由峰半道松洞外，攀绝磴三里，趋白云庵。人空庵圮，一道人在草莽中，见客至，望望去。再入一里，有云静庵，乃投宿焉。

【注释】

① 鸟道：比喻狭窄陡峻的山间小道。《华阳国志》记载："鸟道四百里，以其险绝，兽犹无蹊，特上有飞鸟之道耳。"

② 汤汤（shāng）：形容水势浩大或水流很急。

③ 龙湫（qiū）：这里指大龙湫（瀑布），位于马鞍岭西四公里处。湫，一般指水潭。

④ 诺讵（jù）那：罗汉名。雁宕山最初名为"芙蓉山"，传其开山祖师是诺讵罗。

⑤ 廉（lián）纤：细微，多形容小雨。

【译文】

十三日，出灵岩寺山门，依山脚向右行，路上崖壁参差错落，云霞与山色相映成趣。高峻而平展的是板嶂岩，板嶂岩下高高直立而尖窄的是小剪刀峰。再往前，可见层层山岩上，亭亭玉立的峰岭，高耸入云，那便是观音岩。观音岩的一侧有马鞍岭横亘在前。险峻的山路弯曲叠绕，穿越山坳向右行，溪流波澜壮阔，涧底的岩石平整得如同磨刀石一般。沿山涧往里走，离开灵岩大抵十多里，过常云峰，就看到大剪刀峰独立于山涧一旁。大剪刀峰的北侧，层叠的石岩顿然矗立，这座山峰名为连云峰。从这里开始，山峰回环，崖壁相合，岩崖到了尽头。大龙湫瀑布砰然倾注，落入深潭之中；山岩形态峻削，流水没有附着之处，凌空洒落，让人触目惊心。深潭上有座庙堂，传言是诺讵那罗汉观看流泉的所在。庙堂后沿着台阶一层层上去，有一座如同鸟翅般的亭榭。面对瀑布蹲坐良久，才下山回到庵内就餐，小雨淅淅沥沥下个不停，而我的神魂早已飞到了雁湖山顶。于是，冒着雨到了常云峰，在半山腰的道松洞外，攀登悬绝的三里石阶，赶到了白云庵。早就坍塌的寺庙也已人去楼空，一位道人矗立于荒草丛内，见有客来，看了一眼便离开了。再往里走一里，便是云静庵，于是就在那里投宿。

▶《寻仙山水图》册

（清）石涛　收藏于美国纽约大都会艺术博物馆

石涛，清初著名画家，本名朱若极，是"清初四僧"之一，号苦瓜和尚。他早年云游四方，阅历丰富，晚年还俗定居扬州。此画册中石涛以自己在湖山旅居的见闻为主题，绘制出了八幅山水作品，以此表达自己对山水见闻的理解。

知音者稀

數里入無程千峰
抱一雞

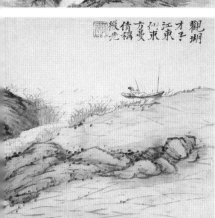

觀湖才子江東似東方曼倩稱微之

清湘老人

游雁宕山日记（后）

三十日，冒雨循流，西折二里，一溪自西北来合，其势愈大。渡溪而西，溯而西北行，三里，入净名寺。雨益甚，云雾中仰见两崖，重岩夹立，层叠而上，莫辨层次。衣履沾透，益深穷西谷，中有水帘谷、维摩石室、说法台诸胜。二里，至响岩。岩右有二洞，飞瀑罩其外，余从榛莽中履险以登。其洞一名龙王，一名三台。二洞之前，有岩突出，若露台然，可栈^①而通也。出洞，返眺响岩之上，一石侧耳附峰头，为"听诗叟"。又西二里，入灵岩。自灵峰西转，皆崇岩连幛，一开而为净名，一罅^②直入，所称一线天也；再开而为灵岩，叠嶂回环，寺当其中。

【注释】

① 栈（zhàn）：即栈道，用木料或其他材料架设的通道。

② 罅（wèn）：裂纹。

【译文】

　　三十日，冒雨沿山溪而行，往西走了二里，有一处溪流自西北方汇入，水势愈发大了。渡山溪向西行，又逆溪流向西北走了三里路，来到净名寺。雨下得更大了，雨雾之中抬头看，两旁的山崖上，重重岩石相携而立，层层叠叠地朝上，分不出层次。衣服、鞋子虽全都湿透，但更想深入穷究西谷，那里有水帘谷、维摩石室、说法台诸胜。行进二里路，来到响岩。响岩右侧有二洞，飞瀑笼罩在洞口外，我从草木中涉险攀缘。一个名叫龙王洞，一个名叫三台洞。两洞前方有块突起的岩石，似露台，可以从栈道上过去。走出洞，回望响岩，一块似人般侧耳贴于峰上的石块，那便是"听诗叟"。西行二里路，入灵岩。自灵峰寺西转，一路皆为高耸的崖石，像帷帐一样相连，首次裂开的地方便是净名寺，有条缝隙一直向内伸展，谓之"一线天"；再次裂开的地方便是灵岩，层峦叠嶂，盘旋回转，灵岩寺便位于其中。

《雁宕山图》
（明）叶澄　收藏于北京故宫博物院

叶澄在嘉靖丙戌年（1526年）游历此地后，描绘出其攀缘和所见之地，依次画出了石门潭、章毅楼、石佛岩、石樑洞、灵风洞、罗汉洞、净明寺、蓼花峰、响岩等多处景观。

《灵岩一线天》

（清）叶欣　收藏于英国大英博物馆

此画描绘的是叶欣游历雁宕山灵岩的场景。灵岩有一线天"风洞"的奇异景象，常有游客来此处观赏。灵岩是一巨岩，岩底有伏羲洞、风洞、灵岩洞三洞。

叶欣自跋：灵岩一线天。行七里许，两山相倚，长数百丈，中分一罅，窥见光明，下为三洞，其一尤深。风从一线中出，昼夜不绝，石刻"风洞"二字。

　　山自东北最高处迤逦西来，播①为四支，皆易石而土。四支之脊，隐隐隆起，其夹处汇而成洼者三，每洼中复有脊，南北横贯，中分为两，总计之，不止六洼矣。洼中积水成芜②，青青弥望③，所称雁湖也。而水之分堕于南者，或自石门，或出凌云之梅雨，或为宝冠之飞瀑；其北堕者，则宕阴诸水也，皆与大龙湫风马牛无及云。既逾冈，南望大海，北瞰南阁之溪，皆远近无蔽，惟东峰尚高出云表。余欲从西北别下宝冠，重岩积莽，莫可寄足。复寻旧路下石门，西过凌云，从含珠峰外二里，依涧访宝冠寺。寺在西谷绝坞中，已久废，其最深处，石崖回合，磴道俱绝。一洞高悬崖足，斜石倚门。门分为二，轩豁④透爽，飞泉中洒。内多芭蕉，颇似闽之美人蕉；外则新箨⑤高下，渐已成林。至洞，闻瀑声如雷，而崖石回掩，杳不可得见。乃下山涉溪，回望洞之右胁，崖卷成罅，瀑从罅中直坠，下捣于圆坳，复跃出坳成溪去。其高亚龙湫，较似壮胜，故非宕山第二流也。

【注释】

① 播（bō）：分开，分散。

② 芜（wú）：杂草丛生的地方。

③ 弥（mí）望：满眼，即视野所及之处。

④ 轩豁：开阔敞亮。

⑤ 箨（tuò）：竹笋上一层层的皮。

【译文】

　　雁宕山自东北方的凸起处曲折连绵地往西伸展，分为四旁支脉，均由石山化为土坡。四支的山脊，朦朦胧胧地凸起，支脉间汇聚成三个洼地，洼地中又现山脊纵横相连，将其从中又分为两个洼地，合起来数量就不止六块洼地了。洼地积水致使杂草丛生，视野之内一片郁郁葱葱，即谓雁湖。而雁湖向南下泄的水，一些从石门流走，一些从凌云寺的梅雨潭流走，一些形成宝冠寺的飞瀑；从北下泄的水，则形成雁荡山北侧的各条溪水，均与大龙湫的水毫不相干。翻越小山，朝南看是大海，朝北则是南阁溪流，远近都没有阻挡，唯独东峰还是高耸入天。我想从西北方寻一路去宝冠寺，可那边岩石重重，荒灌杂生，没有能驻足的地方。于是又从旧路前往石门寺，向西路经凌云寺，顺含珠峰向外行了二里，依山涧寻宝冠寺。宝冠寺在西谷深深的山坞里，已荒废了很长时间。山坞最深的地方，崖石回绕，石阶和道路都已经断了。有一个山洞高悬于崖下，有块歪曲的岩石紧临洞口。洞口分为两个，高大宽敞，透气清亮，泉水从中间飞洒而出。洞里面有大量芭蕉，其形状好似福建的美人蕉；洞外面则是刚刚长出的竹笋，高低错落，已逐步长成竹林。来到洞口的时候，只听到瀑布声如雷鸣，而洞内岩石回绕遮掩，幽暗到什么也看不到。遂即下山，跨过溪流，回首看向洞右，崖石翻卷，形成裂缝，瀑布自缝内直下，直捣环状的凹地，而后又跃出凹地形成溪流。瀑布的高度低于大龙湫瀑布，却更为壮美，因此不能说它是雁宕山的二流瀑布。

《芭蕉狸猫图》
（清）任颐　收藏于北京故宫博物院

任颐自跋：光绪戊子秋七月望日，师宋人双勾法。山阴任颐伯年并记。

竹图集

　　梅兰竹菊，人称"四君子"，分别代表傲、幽、坚、淡。这四种植物也是中国古代画家作画所喜爱的元素之一。文人墨客画竹，代表着自己是坚韧有气节的谦谦君子。竹是高雅的，雅士也喜将竹种于庭院中，竹影婆娑，颇为动人。清代著名诗人郑燮作《竹石》："咬定青山不放松，立根原在破岩中。千磨万击还坚劲，任尔东西南北风。"苏东坡也曾说：宁可食无肉，不可居无竹。无肉令人瘦，无竹令人俗。人瘦尚可肥，士俗不可医。

　　以下节选几类竹子和几幅竹的画作作为欣赏。

《竹石》

（元）管道昇　收藏于中国台北故宫博物院

唐代诗人元稹作有《新竹》：新篁才解箨，寒色已青葱。冉冉飘凝粉，萧萧渐引风。扶疏多透日，寥落未成丛。惟有团团节，坚贞大小同。

竹院品古图

选自《人物故事》图册 （明）仇英 收藏于北京故宫博物院

描绘了一群文人在私人竹院中雅集聚会的画面。品古，即鉴赏文物。文人间的集会称为"雅集"，史上著名"雅集"一个是东晋时期"兰亭集"，另一个是北宋汴京的"西园雅集"。

游白岳山日记

导读

　　白岳山，即今齐云山，位于安徽省休宁县城西，素有"黄山白岳甲江南"之誉。明万历四十四年（1616年）徐霞客游览了东部的齐云岩景区历天门、珠帘水、太素宫等胜景，后又去了西天门、双溪街。这篇游记作于徐霞客游白岳山后。其中对于白岳山景致的记叙不是很详细，许多景色都是一带而过的，但对其具体探查过的地方还是有完备的记述，例如香炉峰、天门、龙涎泉等。

　　宫①北向，玄帝像乃百鸟衔泥所成，色黧②黑。像成于宋，殿新于嘉靖三十七年，庭中碑文，世庙③御④制也。左右为王灵官、赵元帅殿，俱雄丽。背倚玉屏，前临香炉峰。峰突起数十丈，如覆钟，未游台、宕者或奇之。出庙左，至舍身崖，转而上为紫玉屏，再西为紫霄崖，俱危耸杰起。再西为三姑峰、五老峰，文昌阁据其前。五老比肩，不甚峭削，颇似笔架。

【注释】

①　宫：这里指太素宫，位于安徽省休宁县齐云山，始建于南宋。

②　黧（lí）：黑中带黄的颜色。

③　世庙：此指明世宗朱厚熜之庙。

④　御：帝王行为及其所用物品的敬称。

【译文】

　　太素宫面朝北，（传说）玄帝的造像是百鸟叼来的泥土塑成的，颜色黑中带黄。造像塑于宋代，正殿为嘉靖三十七年（1558年）建造，院中碑文是奉明世宗之命所制。左右两边分别为王灵官殿、赵元帅殿，全都魁伟宏丽。太素宫背靠玉屏般的山峰，前面是香炉峰。香炉峰突出几十丈，如同倒扣的大钟，从未到过天台山、雁宕山的人或许会觉得它很

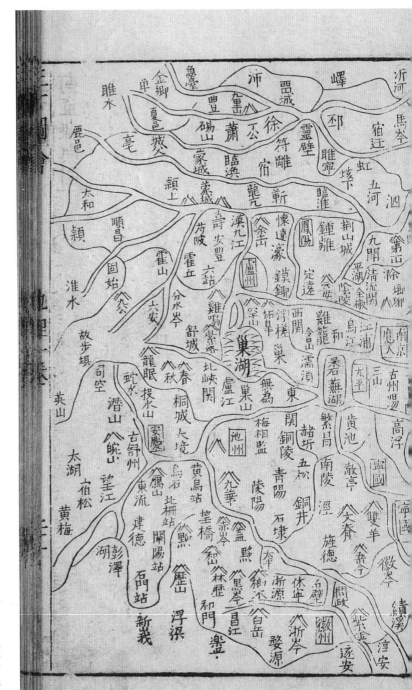

南直隶舆图

选自《三才图会》明刊本 （明）王圻，（明）王思义\撰

明代行政区域划分为两京十三省，两京分别指北直隶（北京、河北、天津地区），南直隶（安徽、江苏、上海地区），徐霞客游历的白岳山属于南直隶，明属徽州府休宁县。

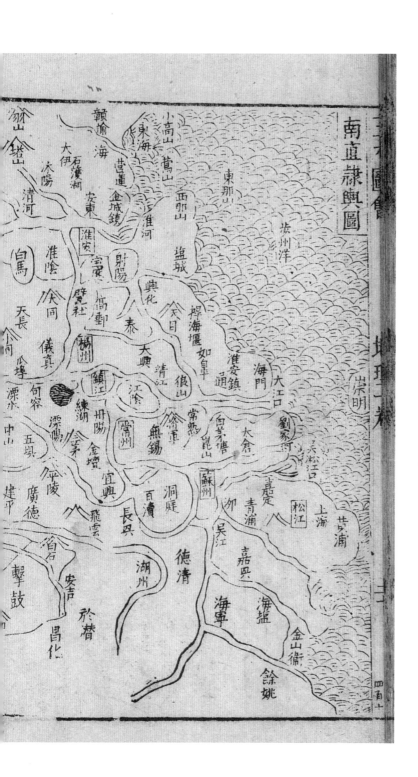

独特。自寺庙左侧出来到了舍身崖，向上走是紫玉屏，再往西便为紫霄崖，全都危耸突兀。再向西是三姑峰、五老峰，文昌阁就在五老峰的前方。五老峰好似五位并立的老者，不甚陡峻，非常像笔架。

清代瓷用象牙釉玄武大帝像

齐云岩真武祠供奉的是玄武大帝，又称真武大帝、玄天上帝等。齐云山是玄帝道场，《齐云山志》记："玄帝香火，在均州曰武当，在徽州曰齐云。"

《白岳图》

（明）冷谦　收藏于中国台北故宫博物院

返榔梅，循夜来路，下天梯。则石崖三面为围，上覆下嵌，绝似行廊。循崖而行，泉飞落其外，为珠帘水。嵌之深处，为罗汉洞，外开内伏，深且十五里，东南通南渡。崖尽处为天门。崖石中空、人出入其间，高爽飞突，正如阊阖①。门外乔楠中峙，蟠青丛翠②。门内石崖一带，珠帘飞洒，奇为第一。

【注释】

① 阊阖（chāng hé）：传说中的天门；宫门。

② 蟠（pán）青丛翠：形容树木茂盛青苍。蟠，盘曲，盘结。

【译文】

返回到榔梅庵，沿夜半来时的路，下了天梯。只见三侧为崖壁环绕，上被石崖笼盖，下则深嵌崖中，好似行走在廊道里。挨着石崖往前走，泉水落于崖壁外侧，形成了珠帘水。石崖深处的岩洞为罗汉洞，外面宽敞而内部低狭，深处有近十五里，东南侧可通向南渡。石崖的尾端为天门。崖石是中空的，人可以在空缺处进出，高大开阔，耸入空中，好似神话中的天门。天门之外，楠树高挺对峙，草木交叠且茂盛青翠。天门内的石崖一带，珠帘水纷落，可谓第一奇景。

▶《白岳图》
（明）冷谦　收藏于中国台北故宫博物院
冷谦共绘制过两幅白岳图，这是其二。

　　二月初一日，东方一缕云开，已而大朗。余急同伯化蹑西天门而下。十里，过双溪街，山势已开。五里，山复渐合，溪环石映，倍有佳趣。三里，由溪口循小路入，越一山。二里，至石桥岩①。桥侧外岩，高亘如白岳之紫霄。岩下俱因岩为殿。山石皆紫，独有一青石龙蜿蜒于内，头垂空尺余，水下滴，曰龙涎泉，颇如雁宕龙鼻水。岩之右，一山横跨而中空，即石桥也。飞虹垂蝀②，下空恰如半月。坐其下，隔山一岫③特起，拱对其上，众峰环侍，较胜齐云天门。即天台石梁，止一石架两山间；此以一山高架，而中空其半，更灵幻矣！穿桥而入，里许，为内岩。上有飞泉飘洒，中有僧斋，颇胜。

【注释】

①　石桥岩：在白岳岭西，原名岐山，有石门寺、大龙宫、天泉岩诸景。

②　蝀（dōng）：虹的别称。

③　岫（xiù）：峰峦。

【译文】

　　二月初一，东方的云彩四散开来，不久天空便十分明亮。我急着和汪伯化踏过西天门往下走。徒步十里，路经双溪街，山势开阔。又行五里路，山势逐步聚合，溪水围绕，山石倒映在水中，美妙的情趣又增加了几分。又行走三里，自溪口沿小路进入，跨过一座山，再走二里路便抵达了石桥岩。石桥岩一侧的岩石，高峻横亘，如同白岳山的紫霄岩。外岩下的殿堂都是就着岩石建成。山岩皆为紫色，仅一条透迤的青石龙盘于其中，龙头垂下，离地一尺高，水自龙口滴落，名叫龙涎泉，与雁宕山的龙鼻水十分相似。外岩的右边，有座中空的山横跨而过，它便是座石桥。石桥宛若飞虹，下部的空缺处正好像半个月亮。坐在石桥下方，隔着山还有一座山峰耸立，拱对石桥的上方，四周群峰相绕，这景象比齐云山的天门还要美。即使是天台山的石梁，也仅是一块巨石架落于两山之中；这里则是一座峰岭横于两侧，中间半数为空，更为灵巧奇幻！从石桥下经过，约走一里，到达内岩。内岩上有飞溅而起的水花，其中还有僧侣的斋房，环境相当优美。

白岳山景
选自《白岳凝烟》清刻本　（清）吴镕
全书绘白岳山景致四十处。

百泉书院

石桥岩

仙人挂画

棋盘石

万年青翠

万寿山

岩阁

游黄山日记

导读

　　黄山，别称黄岳，在今安徽省南部。《游黄山日记》有前后两篇，前篇写于明万历四十四年（1616年），当时是徐霞客首游黄山。其中翔实叙述了黄山的景与物，比如天都、莲花二峰、石笋矼、平天矼等。此外，还记录了这一路的艰险之处。

　　后篇写于明万历四十六年（1618年），当时徐霞客重游黄山。他于九月初四日由汤口上黄山，从南向北经朱砂庵、石门、狮子林、仙灯洞，过丞相原、九龙潭、苦竹滩等，此篇中更多描绘了黄山天都、莲花二峰等景致。

《黄山图》册

（清）梅清　收藏于北京故宫博物院

徐霞客赞："五岳归来不看山，黄山归来不看岳。"自古便有许多文人墨客喜爱游历黄山，黄山在古代山水画中占有非常重要的地位，并形成了黄山画派，其代表人物有梅清、渐江、查士标、石涛等。画家贺天健在《黄山派和黄山》中说："石涛得黄山之灵，梅瞿山得黄山之影，渐江（弘仁）得黄山之质。"

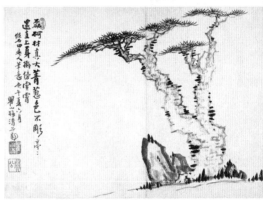

游黄山日记（前）

初六日，天色甚朗。觅导者各携筇^①上山，过慈光寺。从左上，石峰环夹，其中石级为积雪所平，一望如玉。疏木茸茸中，仰见群峰盘结^②，天都独巍然上挺。数里，级愈峻，雪愈深，其阴处冻雪成冰，坚滑不容着趾。余独前，持杖凿冰，得一孔置前趾，再凿一孔，以移后趾。从行者俱循此法得度。上至平冈，则莲花、云门诸峰，争奇竞秀，若为天都拥卫者。由此而入，绝巘^③危崖，尽皆怪松悬结。高者不盈丈，低仅数寸，平顶短鬣^④，盘根虬^⑤干，愈短愈老，愈小愈奇，不意奇山中又有此奇品也！松石交映间，冉冉僧一群从天而下，俱合掌言："阻雪山中已三月，今以觅粮勉到此。公等何由得上也？"且言："我等前海诸庵，俱已下山，后海山路尚未通，惟莲花洞可行耳。"已而从天都峰侧攀而上，透峰罅而下，东转即莲花洞路也。余急于光明顶、石笋矼^⑥之胜，遂循莲花峰而北。上下数次，至天门。两壁夹立，中阔摩肩，高数十丈，仰面而度，阴森悚骨。其内积雪更深，凿冰上跻，过此得平顶，即所谓前海也。由此更上一峰，至平天矼。矼之兀突独耸者，为光明顶。由矼而下，即所谓后海也。盖平天矼阳为前海，阴为后海，乃极高处，四面皆峻坞，此独若平地。前海之前，天都、莲花二峰最峻，其阳属徽之歙，其阴属宁之太平。

【注释】

① 筇（qióng）：筇竹，古书中的一种竹子，可制成手杖。

② 群峰盘结：黄山有36大峰，即炼丹峰、天都峰、青鸾峰等，另有36小峰。

③ 绝巘（yǎn）：大小成两截的山。

④ 鬛（liè）：通常指马、狮子等颈上长而硬的毛发，这里指松针。

⑤ 虬（qiú）：传说为龙的一类，常比拟枝干盘旋曲折的骇状。

⑥ 矼（gāng）：又作"杠"，即石桥。

【译文】

　　初六日，天气非常晴朗。于是我们找来向导，每个人都携带筇竹手杖登山，途经慈光寺。从慈光寺左侧向上走，山石环立，石阶被积雪填平，望过去像是白玉。从稀疏而雪茸茸的树木间望去，看到众多山峰相互围绕，天都峰巍然挺立向上。走了几里后，石阶愈发陡峭，积雪愈发厚重，阴面的积雪冻结成冰，又硬又滑无法落脚。我一个人走在前面，用手持杖凿冰，先凿一个洞安放前脚，再凿一个洞放置另一只脚。随行的人都按这个方法才走过来。行至平整的山冈处，只见莲花峰、云门峰诸峰，争奇炫异，好似天都峰的守卫。由此而入，在险绝的山峰石崖上，全是奇异的松树相互萦绕，高者不足丈高，矮者仅寸高，树顶平整，松针短小，树根盘绕，树干卷曲，愈短的树龄越大，愈矮小的越稀罕，没想到这里还有此等极品！松树与岩石映衬之中，一群僧人缓缓天降，双手合一地说："我们已经被大雪阻在山里三个月了，如今为了找粮食才尽力到此。各位是从哪儿上来的呢？"他们还说："前海各庵的僧人皆已下山，后海山路还没开通，唯莲花洞之路能过。"不久，我们从天都峰一侧攀登上去，通过山间缺口朝下走，再向东即为去往莲花洞的路了。我急于欣赏光明顶、石笋矼的美景，便沿莲花峰往北行。上上下下往返好多次，终于抵达天门。只见两面石壁夹道而立，中

莲花峰　　　　　　　天都峰　　　　　　　　飞来峰

《黄山图》册（节选）

（清）弘仁　收藏于北京故宫博物院

慈光寺高僧弘眉曾作《黄山志》："（弘仁）长栖静黄山，杖履所径，辄作一小图，层峦耸秀，淡远萧疏，悉备诸家体制，有超然尘外之趣味。"

此图册共绘六十开，分六册。此处节选其中较为著名的十二处。

光明顶　　　　　　　　　　　　　　　　石门

狮子林

小心坡

一线天

观音岩

莲花庵

文殊院

慈光寺

间宽的地方擦着双肩，有几十丈高，抬着头走过来，阴森森的，让人不寒而栗。天门内的雪更厚，凿着冰向上登，过了天门到达平缓的山顶，这便是前海了。从这里再登上一座山峰，就到了平天矼。平天矼上独自突兀高耸的，便是光明顶。从平天矼朝下走，就是所谓的后海。原来平天矼以南为前海，以北是后海，这里地势最高，四周皆为陡峻的山坞，唯这里似平地。前海面前，天都峰、莲花峰二峰最为险要，它们的南边属徽州府的歙县，北边属宁国府的太平县。

　　行五里，左峰腋一窦①透明，曰"天窗"。又前，峰旁一石突起，作面壁状，则"僧坐石"也。下五里，径稍夷②，循涧而行。忽前涧乱石纵横，路为之塞。越石久之，一阙新崩，片片欲堕，始得路。仰视峰顶，黄痕一方，中间绿字宛然可辨，是谓"天牌"，亦谓"仙人榜"。又前，鲤鱼石；又前，白龙池。共十五里，一茅出涧边，为松谷庵旧基。再五里，循溪东西行，又过五水，则松谷庵矣。再循溪下，溪边香气袭人，则一梅亭亭正发，山寒稽③雪，至是始芳。抵青龙潭，一泓深碧，更会两溪，比白龙潭势既雄壮，而大石磊落，奔流乱注，远近群峰环拱，亦佳境也。

【注释】

① 窦（dòu）：孔、洞。

② 夷（yí）：平，平坦。

③ 稽（jī）：留止。

【译文】

　　往前走五里，左方山峰的侧边有一个洞透出光亮，称为"天窗"。又往前走，山峰边上有块高出来的岩石，呈面壁模样，便是"僧坐石"。向下走五里，小路稍稍平坦了，顺着山涧往前走。忽见前方山涧中乱石纵横交错，道路被堵。翻越这些岩石花了不少时间，直到看到一个新崩裂的缺口，岩石好似是要坠下来，这才找到了路。抬头看山顶，有一黄色痕迹，绿色的字在中间，好像还能辨别出来，它叫"天牌"，也称"仙人榜"。继续往前走，是鲤鱼石；再往前走，为白龙池。共行走十五里路，山涧旁有间茅草屋，此为松谷庵旧址。再行五里，自溪东岸向西而行，再渡五溪，抵达松谷庵。沿溪流朝下走，岸边香气扑面而来，原来是棵挺立的梅树开了花，山里寒冷又有积雪，来到这里才有花的清香。到了青龙潭，一潭幽碧的水，再加上与两条溪水汇流，相较于白龙潭，水势已颇为壮阔，还有许多乱堆的大石，水流狂奔乱淌，而远近又有群山环绕，也算是佳境了。

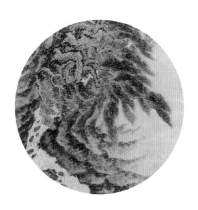

《鸣弦泉图》

（清）梅清　收藏于安徽博物院

鸣弦泉是黄山一处水景，水流撞击石头会发出如琴弦般的声音，故得名。

《白龙潭图》

（清）梅清　收藏于北京故宫博物院

图中描绘了黄山松岩溪五龙潭之一的白龙潭景致。

梅清自跋：苍松翠壁瀑声奇，六月来游暑不知。仙子真踪无处觅，白龙潭上立多时。白龙潭摹松雪笔意，瞿山梅清并题。

《黄山图》

（清）梅清　收藏于北京故宫博物院

图中描绘了黄山西海门风景区。

梅清自跋：一径开危窦，悬崖万丈高。是峰皆列戟，无岭不飞涛。花叠章藤枝，云深染布袍。海门开处幻，只觉化工劳。西海门。瞿山。

游黄山日记（后）

初四日，十五里，至汤口。五里，至汤寺，浴于汤池。扶杖望朱砂庵而登。十里，上黄泥冈。向时云里诸峰，渐渐透出，亦渐渐落吾杖底。转入石门①，越天都之胁而下，则天都、莲花二顶，俱秀出天半。路旁一岐东上，乃昔所未至者，遂前趋直上，几达天都侧。复北上，行石罅中。石峰片片夹起；路宛转石间，塞者凿之，陡者级之，断者架木通之，悬者植梯接之。下瞰峭壑阴森，枫松相间，五色纷披，灿若图绣。因念黄山当生平奇览，而有奇若此，前未一探，兹②游快且愧矣！

【注释】

① 石门：应指云巢洞。清代王灼《黄山纪游》言："有巨石当路，而中空如门，累石为磴，其间可数十级，题之曰'云巢'。"

② 兹（zī）：现在、这次。

【译文】

初四日，行十五里，抵达汤口。又行五里路，到达温泉所在的祥符寺，在热水池里沐浴。手持拐杖，望着朱砂庵向上走。行进十里，到了黄泥冈。原本处于云雾之中的群峰，慢慢显露，逐步降至我的拐杖之下。转进石门，翻过天都峰的一侧往下走，就看到了天都峰、莲花峰的山顶，均秀丽地

《黄山十九景图》册

（清）梅清　收藏于上海博物馆

梅清的山水画中以黄山闻名，他在创作中不拘一格，革故鼎新，时常游历黄山，创作了很多册黄山画册。此册是他在71岁游黄山后所画，笔墨设色中尽显其对黄山的喜爱。

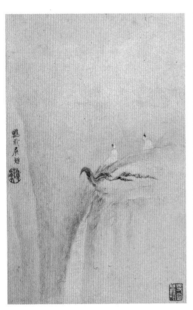

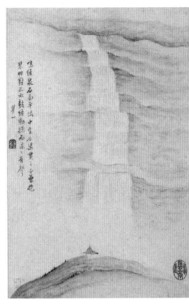

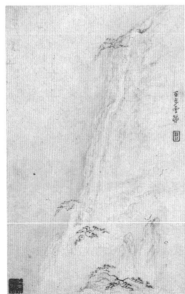

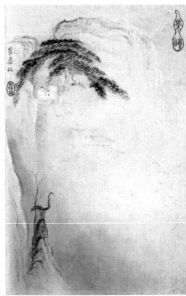

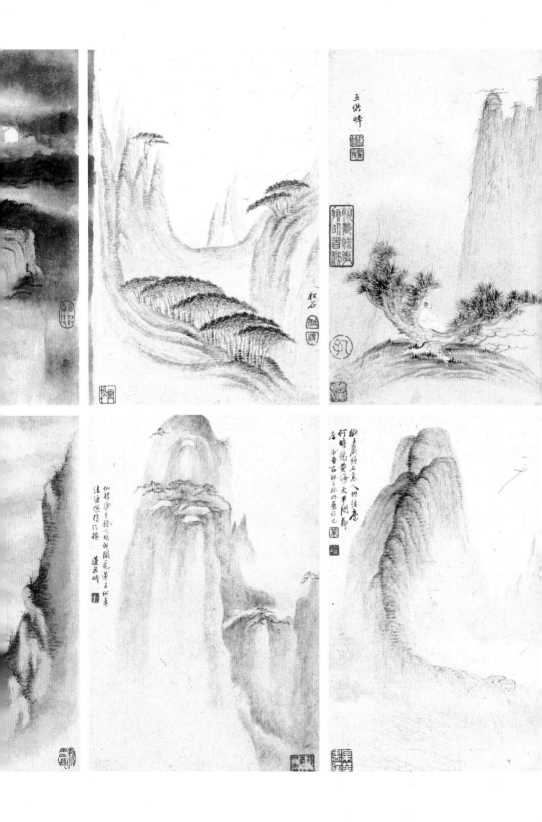

出现在空中。路边有一条朝东向上走的岔路，是我以前没到过的地方，因而径直朝前快步走，几乎抵达天都峰的侧面。又往北朝上走，在石缝间穿行。片片石峰夹路而起，沿弯曲的道路走在石峰之间，有阻塞的地方已被凿通，陡峭之处修了石阶，断裂之处架了木桥，高悬之处添置了梯子，把道路连接起来。从高处往下看，陡峭的沟谷略显昏暗，枫树与松树相间，五彩缤纷地散布着，灿烂得如画似锦。我便想到黄山应该是平生游览过最瑰异的景观，这么奇异的景观之前竟未曾探访，这次重游真是既痛快又惭愧呀！

岭①横亘天都、莲花之北，狭甚，旁不容足，南北皆崇峰夹映。岭尽北下，仰瞻右峰罗汉石，圆头秃顶，俨然二僧也。下至坑中，逾涧以上，共四里，登仙灯洞。洞南向，正对天都之阴。僧架阁连板于外，而内犹穹然②，天趣未尽刊③也。复南下三里，过丞相原，山间一夹地耳。其庵颇整，四顾无奇，竟不入。复南向循山腰行，五里，渐下。涧中泉声沸然，从石间九级下泻，每级一下有潭渊碧，所谓九龙潭也。黄山无悬流飞瀑，惟此耳。

【注释】

① 岭：即白沙岭，在云谷寺西北通往皮蓬的途中。

② 穹（qióng）然：大且深的样子。

③ 刊：砍、削除，这里指破坏。

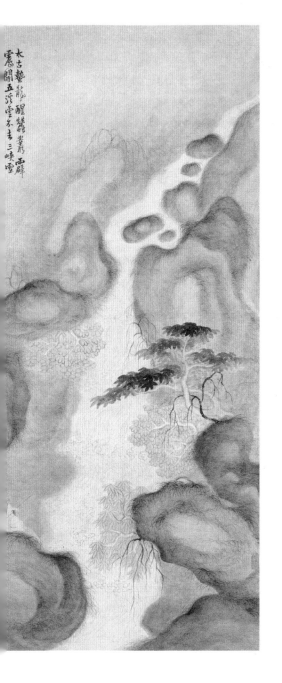

【译文】

　　白沙岭横贯天都峰、莲花峰以北，山脊非常狭窄，两侧无法驻足，南北皆有矗立的高峰映衬。从白沙岭的尽头往北向下走，抬头可看到山峰右侧的罗汉石，圆形的头，光秃的顶，好似两个和尚。走到凹下去的地方，越过山洞往上走四里路，便登临了仙灯洞。洞口朝南，正对天都峰北面。有僧人在洞外拿木板架接了栈道，不过洞内也高高隆起，天然的情趣未被完全破坏。又往南下山，走了三里，路过丞相原，它仅仅是山间一块窄小的平地。那里的寺庵很整洁，看了看周围没有特别的地方，所以就没有进去。又往南顺着山腰走了五里，慢慢下了山。山涧中泉水声沸腾，岩中分九层倾泻泉水，每层下方皆有深渊碧潭，这便是九龙潭。黄山没有高悬的流水和飞腾的瀑布，仅此一处。

◀《九龙潭图》

（清）梅清　收藏于美国克利夫兰艺术博物馆

梅清自跋：太古蛰龙醒，蚕丛霹雳开。五溪云不去，三峡雪飞来。

游武彝山日记

导　读

　　武彝山，今作"武夷山"，向来以"碧水丹山""奇秀甲东南"为称，尤以"丹霞地貌"著称于世。明万历四十四年（1616年），徐霞客游历了白岳山、黄山、武彝山等地区，此篇游记便作于他游武彝山后，主要以叙述为主，笔触平实，文笔脉络十分清晰。

　　这次游历徐霞客水陆兼行，重点以坐船观景为主，以迂回盘旋的水流作为线索，展现了水流转弯处的不同风光。

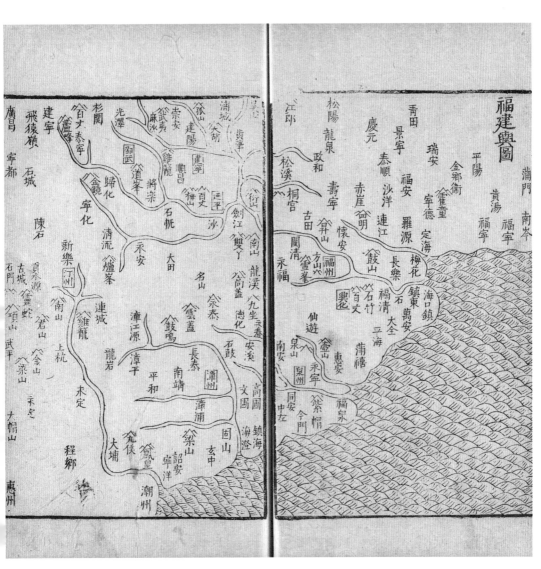

福建舆图

选自《三才图会》明刊本　（明）王圻，（明）王思义\撰

从此图中可看出武夷山位于福建省西北边界地带。

登陆入云窝①，排云穿石，俱从乱崖中宛转得路。窝后即接笋峰。峰骈附于大隐屏，其腰横两截痕，故曰"接笋"。循其侧石隘②，跻磴数层，四山环翠，中留隙地如掌者，为茶洞。洞口由西入，口南为接笋峰，口北为仙掌岩。仙掌之东为天游，天游之南为大隐屏。诸峰上皆峭绝，而下复攒凑③，外无磴道，独西通一罅，比天台之明岩更为奇矫也。从其中攀跻登隐屏，至绝壁处，悬大木为梯，贴壁直竖云间。梯凡三接，级共八十一。级尽，有铁索横系山腰，下凿坎受足。攀索转峰而西，夹壁中有冈介其间，若垂尾，凿磴以登，即隐屏顶也。有亭有竹，四面悬崖，凭空下眺，真仙凡敻④隔。仍悬梯下，至茶洞。仰视所登之处，崭然⑤在云汉。

【注释】

① 云窝：位于接笋峰西壁岩下，五曲接笋峰和六曲仙掌峰之间。

② 隘（ài）：险要的通道。

③ 攒（cuán）凑：聚集，拼凑。

④ 敻（xiòng）：远。

⑤ 崭（zhǎn）然：形容山势高耸突出。文中有时作"崭崭"。

【译文】

　　登临陆地走进云窝，推开云朵穿过岩石夹缝，全是从杂乱的石崖中弯弯转转找到路。云窝后边是接笋峰。接笋峰并排贴于大隐屏上，山腰处横着两条被分为两段的痕迹，因而称"接笋峰"。沿着山峰一侧的隘口，登上数层石阶，四周环绕着青山，中间有一块手掌状的空地，便是茶洞。茶洞的洞口自西而入，洞口南为接笋峰，北为仙掌岩。仙掌岩东侧是天游峰，天游峰南侧是大隐屏。每一座山峰上都险峻峭绝，可下部又合拢一处，外侧无石阶，只有西侧有一缝连通，比天台山的明岩更加瑰丽雄壮。从夹缝中攀岩来到大隐屏，行至绝壁处，这里悬挂着大木头为梯，靠着石壁直捣云间。梯子为三根大木连接而成，共八十一级。登完梯级，山腰上有铁索，下面凿有石坎来落脚。抓着铁索绕过山峰朝西走，夹立的石壁中间有条山脊，好似垂落的尾巴，上面凿有石阶，由此向上登，便来到大隐屏的顶部了。大隐屏峰顶有亭子，也有竹子，四周都是悬崖峭壁，朝下看去，真是仙境与人间两隔。仍从悬梯下行，来到茶洞。抬头看向刚才向上攀登的地方，巍峨似在银河上。

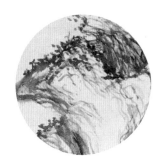

武夷山风景（图一）

武夷山风景（图二）

◄ 武夷山全景图

选自《武夷山名胜图绘》明刻本 （明）徐表然

武夷山九曲溪出自其主峰黄岗山，武夷山共有36座山峰，包含99块石岩。

《武夷放棹图》

（元）方从义 收藏于北京故宫博物院

岩壁屹立雄展，中有斑痕如人掌，长盈丈者数十行。循崖北上，至岭，落照侵松，山光水曲，交加入览。南转，行夹谷中。谷尽，忽透出峰头，三面壁立，有亭踞其首，即天游峰矣。是峰处九曲之中，不临溪，而九曲之溪三面环之。东望为大王峰，而一曲至三曲之溪环之。南望为更衣台，南之近者，则大隐屏诸峰也，四曲至六曲之溪环之。西望为三教峰，西之近者，则天壶诸峰也，七曲至九曲之溪环之。惟北向无溪，而山从水帘诸山层叠而来，至此中悬。其前之俯而瞰者，即茶洞也。自茶洞仰眺，但见绝壁干霄[①]，泉从侧间泻下，初不知其上有峰可憩。其不临溪而能尽九溪之胜，此峰固应第一也。立台上，望落日半规[②]，远近峰峦，青紫万状。

【注释】

① 干霄：高入云霄。干，触犯，冲犯。

② 规：圆。《楚辞·离骚》载："圆曰规，方曰矩。"

【译文】

　　仙掌岩的岩壁高耸挺立，雄伟舒展，石壁中部有手掌般的痕迹，长度超一丈的有几十行。沿山崖往北攀缘到岭上，落日余晖沁染青松，风光秀美，水流婉转，交错着加入美景之中。往南转过去，朝前走在夹谷之中。在山谷的尽头，忽然显露出一座山头，三面绝壁直立，有一座亭子盘踞在峰头，这便是天游峰。这座山峰位于九曲中段，没有紧靠溪流，但被九曲的溪流从三面围绕。朝东看去是大王峰，有一曲到三曲的溪水环绕。向南望去为更衣台，南面近一些的地方，是大隐屏诸峰，有四曲到六曲的溪水环绕。朝西看去是三教峰，西面近一些的地方，是天壶峰诸峰，有七曲到九曲的溪水环绕。唯独北向未见溪流，山脉由水帘洞所在的山岭重叠着伸展而来，延伸到这里悬在中间。到这里之前，我俯身朝下看的地方是茶洞。自茶洞抬头望去，只见绝壁耸入云天，泉水自侧岩当中倾注向下，但当时不知道茶洞之上有山峰可以歇脚。天游峰没有紧靠的溪流，却能览尽溪流九曲的风景，此峰当数第一。站在石台之上，看落日像个半圆，远近诸峰，呈现出青紫万千的景致。

武夷山九曲图（武夷山第一曲）
选自《武夷山名胜图绘》明刻本　（明）徐表然

溪水从重峦叠嶂、延绵逶迤的山石中流过，形成了"三湾九曲"的胜景。1962年，郭沫若曾作《游武夷山泛舟九曲》："九曲清流绕武夷，棹歌首唱自朱熹；幽兰生谷香生径，方竹满山绿满溪。六六三三疑道语，崖崖壑壑竞仙姿；凌波轻筏舫飞羽，不会题诗也会题。"

游庐山日记

　　庐山，位于江西省九江市，西北滨长江，东南临鄱阳湖，自古以来便是文化名山，历代在庐山隐居、游历的名人数不胜数。明万历四十六年（1618年）徐霞客自九江登陆，探游庐山。这篇游记的内容主要是对山水的描摹，以及作者对石、水、潭、山之间联系的关注，游记笔法洒脱顺畅，抒情写景逸趣横生。

　　二十一日，别灯，从龛后小径直跻汉阳峰①。攀茅拉棘，二里，至峰顶。南瞰鄱湖，水天浩荡。东瞻湖口，西盼建昌，诸山历历，无不俯首失恃②。惟北面之桃花峰，铮铮③比肩，然昂霄逼汉，此其最矣。下山二里，循旧路，向五老峰。汉阳、五老，俱匡庐南面之山，如两角相向，而犁头尖界于中，退于后，故两峰相望甚近。而路必仍至金竹坪，绕犁头尖后，出其左胁，北转始达五老峰，自汉阳计之，且三十里。余始至岭角，望峰顶坦夷，莫详五老面目。及至峰顶，风高水绝，寂无居者。因遍历五老峰，始知是山之阴，一冈连属；阳则山从绝顶平剖，列为五枝，凭空下坠者万仞，外无重冈叠嶂之蔽，际目④甚宽。然彼此相望，则五峰排列自掩，一览不能兼收；惟登一峰，则两旁无底。峰峰各奇不少让，真雄旷之极观也！

【注释】

①　汉阳峰：为区别于附近的小汉阳峰，统称大汉阳峰，为庐山最高峰，峰顶有石砌的汉阳台。

②　失恃（shì）：这里指失去了依靠。

③　铮铮（zhēng）：金属相击声，一般比喻声名显赫或才华出众。

④　际目：视野。

【译文】

　　二十一日，辞别慧灯僧人，自佛龛后的小道一直向上登汉阳峰。抓着茅草拉着荆棘，往前走了二里，抵达峰顶。朝

《庐山白云图》卷

（清）王翚　收藏于北京故宫博物院

明洪武二十六年（1393 年），洪武皇帝朱元璋加封庐山为"庐岳"，"爵以尊号，禄以秩祀"。其子明成祖朱棣在即位后下诏书"东至五老峰，南至白云峰，西至马鞍山，北至讲经堂"这一范围内归属皇家，因而在明代时期庐山为皇家专属。朱元璋为感念周癫的帮助，在庐山为其立碑，并亲自撰写碑文《周颠仙人传》及作《赠四仙》："匡庐之巅有深谷，金仙弟子岩为屋。炼丹利济几何年，朝耕白云暮种竹。"

南俯瞰鄱阳湖，水天一色，旷远浩荡。朝东远眺湖口，朝西遥望建昌县境内，群山个个清晰分明，无不低了头，失了依靠。唯有北向的桃花峰，铮铮出众，似能与汉阳峰比肩。然而抬头逼近天空的，汉阳峰是其中最高的了。往山下行二里，沿原路走向五老峰。汉阳峰、五老峰均是庐山南边的山，就像两只犄角相向而立，可犁头尖的界限有在两座山峰中间，且退在两座山峰之后，因此两座山峰看起来离得很近。然而，由汉阳峰到五老峰的道路仍须绕到金竹坪，再绕到犁头尖后方，出到犁头尖左边，向北转才能抵达。自汉阳峰算起，约三十里路。我刚抵达岭角时，遥看峰顶颇为平坦，不清楚五老峰的状貌。等到了峰顶之后，发现这里风太大，水无处寻，空旷萧然，无人居住。于是游遍了五老峰，才知晓此山北面有一座山冈相连，南面是顶部平剖下来，形成并列的五座支峰，凌空下坠深达万仞，外侧没有层峦叠嶂的遮挡，视野十分开阔。然而，彼此相对而望，则是五峰并列，自己挡住了自己，一眼望去无法将五峰尽收眼底，登上其中一座山峰，两边都看不到底。各个山峰均有奇丽之处，彼此不相上下，实为雄壮辽阔的胜景！

匡庐胜概

选自《西江游览图咏》清刊本

（清）吴楚奇

匡庐，庐山的别称。

开先寺

选自《西江游览图咏》清刊本 （清）吴楚奇

明代王守仁作《游庐山开元寺》：僻性寻常惯受猜，看山又是百忙来。北风留客非无意，南寺逢僧即未回。白日高峰开雨雪，青天飞瀑泻云雷。缘溪踏得支茆地，修竹长松覆石台。

青玉峡

选自《西江游览图咏》清刊本 （清）吴楚奇

宋代洪咨夔曾作《青玉峡》："水绕江南阿李家，满空飞雪响雷车。流将采石矶头去，坐看浮梁压浪花。"

二十二日，出寺①，南渡溪，抵犁头尖之阳。东转下山，十里，至楞伽院侧。遥望山左胁，一瀑从空飞坠，环映青紫，夭矫②滉漾③，亦一雄观。五里，过栖贤寺，山势至此始就平。以急于三峡涧，未之入。里许，至三峡涧。涧石夹立成峡，怒流冲激而来，为峡所束，回奔倒涌，轰振山谷。桥悬两岩石上，俯瞰深峡中，迸珠戛玉④。过桥，从歧路东向，越岭趋白鹿洞。路皆出五老峰之阳，山田高下，点错民居。横历坡陀⑤，仰望排嶂者三里，直入峰下，为白鹤观。又东北行三里，抵白鹿洞，亦五老峰前一山坞也。环山带溪，乔松错落。出洞，由大道行，为开先道。盖庐山形势，犁头尖居中而少逊，栖贤寺实中处焉；五老左突，下即白鹿洞；右峙者，则鹤鸣峰也，开先寺当其前。于是西向循山，横过白鹿、栖贤之大道，十五里，经万松寺，陟一岭而下，山寺巍然南向者，则开先寺也。从殿后登楼眺瀑，一缕垂垂，尚在五里外，半为山树所翳，倾泻之势，不及楞伽道中所见。惟双剑崭崭众峰间，有芙蓉插天之态；香炉一峰，直山头圆阜耳。从楼侧西下壑，涧流铿然⑥泻出峡石，即瀑布下流也。瀑布至此，反隐不复见，而峡水汇为龙潭，澄映心目。坐石久之，四山暝色，返宿于殿西之鹤峰堂。

【注释】

① 寺：即方广寺。

② 夭矫（yāo jiǎo）：屈曲而有气势的样子。

③ 滉漾（huàng yàng）：形容水色、月光等浮动广阔无涯。

④ 迸珠戛（jiá）玉：形容湍急的水流像玉珠一样溅射，声音如玉石相撞般响亮。迸，溅射。戛，打击。

⑤ 坡陀（tuó）：不平坦。坡，一作"陂"，山旁称坡。陀，岩际称陀。

⑥ 铿（kēng）然：形容声音响亮。

【译文】

　　二十二日，从方广寺出来，往南渡过一条溪流，到达了犁头尖南边。从东转下山，行十里，抵达楞伽院的侧边。遥望山的左侧，有一条瀑布自空中飞腾而下，映出青紫色的彩晕，水流屈曲而有气势，算得上是雄景了。再行五里，经栖贤寺，山势到这里开始渐渐平缓。由于急着赶去三峡涧，就没进寺中。走了一里左右，来到三峡涧。三峡涧是石崖夹立而成的峡谷，奔腾的水流激荡开来，受山峡约束，回旋奔流，倒滚汹涌，轰隆声震动山谷。有座桥高架于两侧崖石之上，朝下看向深深的峡谷，好像珍珠迸溅，而水声犹如玉佩相碰。走过桥后，由岔路往东走，翻山越岭赶向白鹿洞。路上经过五老峰以南，山间的田地有高有低，民居零散错落在山间。横向越过山坡，望着成排的形如屏风的山前行了三里，直接来到山下，这里有白鹤观。又往东北走了三里，来到白鹿洞，这里是五老峰前面的一个山坞。山前环绕的溪流仿佛一条丝带，伟岸的松树交错地排列其间。走出洞后，沿着大道继续走，这是去开先寺的路。庐山的地形大体是，犁头尖位于中央又稍退后些，栖贤寺则处于正中，五老峰左边向前突，山下是白鹿洞，右边高耸的是鹤鸣峰，开先寺处于山前。从这里往西顺着山走，是横向经过白鹿洞、栖贤寺的大路。走过十五里，经万松寺，登上一座岭再往下走，山中有一座高

庐山山水画赏析

历朝历代皆有文人雅士游览并绘制庐山画卷，我们选取几个朝代的庐山风景画以供读者品鉴。

《匡庐图》
（五代）荆浩　收藏于中国台北故宫博物院

画中庐山岩石层叠陡峭，气势雄伟。

《庐山高图》
（明）丁云鹏　收藏于中国台北故宫博物院

重点突出了一泻千里、荡气回肠的悬瀑，士子山林观泉，飞珠溅玉，酣畅淋漓。

《庐山高图》
（明）沈周　收藏于中国台北故宫博物院

画中庐山丹岩碧璋，飞瀑倾注，流水潺潺，松柏苍翠，画风刚柔并济。

大雄伟且面朝南的寺院，便是开先寺。从开先寺大殿后登楼遥看，瀑布就像线一样垂下来，应该在五里路以外，其中一半被山中树木挡住了，倾注的水势不如在去楞伽院的路上所见到的那样大。唯有双剑峰直立在群峰之间，有着芙蓉入天的姿态；那座香炉峰，看上去仅仅是山头上圆圆的土丘。从楼的侧边往西下到沟谷中，涧中的流水带着悦耳的声响，从峡石间流出去，这就是瀑布的下游了。行至此处，瀑布反而隐匿不见了，而峡中的水汇积成龙潭，澄澈映照，赏心悦目。在石头上坐了良久，待暮色降临才返回，夜间宿于大殿西侧的鹤峰堂内。

《庐山高图》
（清）钱维城　收藏于中国台北故宫博物院

画中山峰状貌各异，苍翠峭拔，云遮雾绕，近处庙宇静卧于山谷幽处，颇有山高水阔之感。

游九鲤湖日记

　　九鲤湖，位于福建省仙游县境内，有"九鲤飞瀑天下奇"的美誉。明万历四十八年（1620年），徐霞客游历了江郎山、九鲤湖、石竹山，后作此篇游记。其中详细描绘了水瀑的变化，并对水势、崖石、深潭等的特点进行了细致刻画，读来如临其境。

二十三日，始过江山之青湖。山渐合，东支多危峰峭嶂，西伏不起。悬望东支尽处，其南一峰特耸，摩云插天，势欲飞动。问之，即江郎山也。望而趋，二十里，过石门街①。渐趋渐近，忽裂而为二，转而为三；已复半岐其首，根直剖下；迫之，则又上锐下敛，若断而复连者，移步换形，与云同幻矣！夫雁宕灵峰，黄山石笋，森立峭拔，已为瑰观②；然俱在深谷中，诸峰互相掩映，反失其奇。即缙云③鼎湖，穿然独起，势更伟峻；但步虚山即峙于旁，各不相降，远望若与为一。不若此峰特出众山之上，自为变幻，而各尽其奇也。

【注释】

① 石门街：今仍称石门，在浙江省江山市南境。

② 瑰观：瑰丽的景观。

③ 缙（jìn）云：今浙江缙云县，县城东八公里处有座缙云山景区。

【译文】

二十三日，刚经过江山县的青湖。山势渐渐合拢，东边的山脉多是险峻的峰峦，西边的山低伏不起。仰头遥望东边山脉的尽头，山脉靠南的一座山峰尤其突兀，上插云霄，有趁机飞动之势。向人打探后，才知道是江郎山。向这座山赶过去，行进二十里，经石门街。逐渐走去，愈发靠近山峰，

无名　　　　　　　　洞庭风细

层波叠浪　　　　　　寒塘清浅

长江万顷　　　　　　黄河逆流

《水图》卷

（南宋）马远　收藏于北京故宫博物院

除第一段因破损无名外，其余十一段皆可知其名。这幅长卷中，作者对各地不同的水景做了不同的处理，还原了其本身的意境。分别为：无名、洞庭风细、层波叠浪、寒塘清浅、长江万顷、黄河逆流、秋水回波、云生沧海、湖光潋滟、云舒浪卷、晓日烘山、细浪漂漂。

秋水回波

云生沧海

湖光潋滟

云舒浪卷

晓日烘山

细浪漂漂

忽然分为两山，接着又变为三山；没多久，山头的一半又一分为二，径直剖开向下；挨近这座山时，却发现它上部尖锐、下面约束，像快要裂开又像连接在一起，移步异景，真是与云一样变幻不断！雁荡山的灵峰，黄山的石笋矼，鳞次栉比，屹立直挺，已经成为秀美的景色。然而都因在深谷内，诸多峰岭互相辉映，却失了"奇"趣。而缙云县的鼎湖峰，一枝独秀，山势更为雄伟；步虚山则高高矗立一旁，两者旗鼓相当，遥望似为一座山。无法与江郎山比拟，独立超在大群山之上，变幻莫测，却也在各显其能。

　　菖溪①即九漈下流②。过菖溪公馆，二里，由石步过溪。又二里，一侧径西向山坳，北复有一磴，可转上山。时山深日酷，路绝人行，迷不知所往。余意鲤湖之水，历九漈而下，上跻必有奇境，遂趋石磴道。芳叔与奴辈惮高陟，皆以为误。顷之，径渐塞③，彼益以为误，而余行益励。既而愈上愈高，杳无所极，烈日铄铄④，余亦自苦倦矣。数里，跻岭头，以为绝顶也；转而西，山之上高峰复有倍此者。循山屈曲行，三里，平畴⑤荡荡，正似武陵误入，不复知在万峰顶上也。中道有亭，西来为仙游道，东即余所行。南过通仙桥，越小岭而下，为公馆，为钟鼓楼之蓬莱石，则雷轰漈在焉。涧出蓬莱石旁，其底石平如砺，水漫流石面，匀如铺縠⑥。少下，而平者多洼，其间圆穴，为灶，为臼，为樽，为井，皆以丹名，九仙之遗也。平流至此，忽下堕湖中，如万马初发，诚有雷霆之势，则第一漈之奇也。九仙祠即峙其西，前临鲤湖。湖不甚浩荡，而澄碧一泓，于万山之上，围青漾翠，造物之酝灵亦异矣！祠右有石鼓、元珠、古梅洞诸胜。梅洞在祠侧，驾大石而成者，有鳞成门。

透而上，旧有九仙阁，祠前旧有水晶宫，今俱圮⑦。当祠而隔湖下坠，则二漈至九漈之水也。

【注释】

① 菖（jǔ）溪：在福建省莆田市城厢区常太镇溪南村境内。

② 漈（jì）：瀑布。福建、江西一带方言称瀑布为漈。

③ 塞：堵塞。

④ 铄铄（shuò）：光芒闪耀的样子。铄，通"烁"。

⑤ 畴（chóu）：田地。

⑥ 縠（hú）：绉纱类丝织品。

⑦ 圮（pǐ）：毁，坍塌。

【译文】

　　菖溪是九漈的下游。路过菖溪公馆，走了二里路，经石步跨越溪流。又行二里，旁边有一条向西的小道通往山坳，北面有一石道，可以从这里上山。这时山间深邃、烈日炎炎，路上空无一人，迷了路不知该去向何方。我猜想九鲤湖的水经由九漈向下流，那么向上走必会有奇境，继而顺着石阶路前行。芳若叔与仆人们怕登山，都觉得走错了路。没多久，路果然逐渐被堵塞，他们更加确定走错了路，我却愈发振奋。随后便越登越高，路途看上去又远且没有尽头，骄阳似火，我也觉得疲惫了。走了几里后，攀上峰顶，以为这是最高的山顶了；折转到西山上，发现山上还有比这座山高出一倍的山峰。顺山盘桓，走了三里，田野开阔平整，好似武陵人误入桃花源，我不再以为仍处于诸峰之顶了。路中有座亭子，

《桃花源图》卷
（明）仇英　收藏于美国波士
顿艺术博物馆

该画卷取材自东晋隐士陶渊明
的《桃花源记》，画面分五段，
与陶渊明《桃花源记》相对应，
主要以误入桃花源的渔夫为线
索，分别描绘出发现、见闻、
聊天、宴饮、惜别的场景。

西面延伸而来的就是通往仙游
县的道路，东边即是我走过的
路。向南行进过通仙桥，越过
小山岭下行，是座公馆，有钟
鼓楼的蓬莱石，雷轰漈便在这个
地方。山洞的水从蓬莱石一旁涌
出，洞底的石块平得像块磨石，
水经由石面缓缓而过，均匀得
就像铺上了一层绉纱。向下走
了走，平滑的底部有许多小坑，
里面有圆孔，分别被称为灶、
研臼、酒樽、水井，皆以"丹"
字起名，这里是九鲤仙的遗迹。
水慢慢流至此处，忽而注入湖
中，就像万马始发，颇富排山倒
海的气势，此为第一漈之奇观。
九仙祠屹立于瀑布西侧，前临
九鲤湖。湖水并不澎湃，却也
在众山之中呈一片清澈碧绿，
郁郁葱葱，微波荡荡，可见大
自然造物的神奇！九仙祠右侧
有石鼓、元珠、古梅洞等优美
的景致。古梅洞在九仙祠一侧，
由巨石组合而成，石头上有条缝
形成了洞口。穿过缝隙向前行，
旧时有座九仙阁，它前方还有一
座水晶宫，如今都已遭摧毁。九
仙祠对面且隔着九鲤湖的落水，
是第二漈至第九漈瀑布的水。

游嵩山日记

　　嵩山由太室山和少室山组成，共 72 座山峰，位于河南省登封市境内。明天启三年（1623 年），徐霞客北游嵩山、华山、太和山。他在嵩山游历五天，参观了岳庙、嵩阳宫、崇福宫、启母石、少林寺、初祖洞等。这篇游记是他描写文物古迹最多的一篇。

　　游记从嵩山外侧写起，描绘了嵩山附近的景色，为嵩山游打下了基础。而卢岩寺及其瀑布景致，太室山各处景观，以少室为写作高潮，对其中的少林寺、珠帘飞泉等做了充盈的刻画。

　　整篇游记架构严谨，语句翔实生动。徐霞客用生花妙笔描绘了嵩山的壮丽景色，以及山上的诸多人文胜景，充分展现了嵩山的壮观，以及丰富的人文底蕴。

河南舆图

选自《三才图会》明刊本　（明）王圻，（明）王思义\撰

嵩山位于地图中河南省中西部，是中国五岳之中岳。《诗经》有云："嵩高惟岳，峻极于天。"明代傅梅作《嵩山》："嵩山云天中岳色秀芙蓉，缥缈奇云绕汉封。朝暮城头常自见，飞来海外几千峰。"

　　余入自大梁^①，平衍广漠，古称"陆海"，地以得泉为难，泉以得石尤难。近嵩始睹蜿蜒众峰，于是北流有景、须诸溪，南流有颍水，然皆盘伏土碛^②中。独登封东南三十里为石淙，乃嵩山东谷之流，将下入于颍。一路陂陀屈曲，水皆行地中，至此忽逢怒石。石立崇冈山峡间，有当关扼险之势。水沁入胁下，从此水石融和，绮变万端。绕水之两崖，则为鹄立，为雁行；踞中央者，则为饮兕^③，为卧虎。低则屿，高则台，愈高，则石之去水也愈远，乃又空其中而为窟，为洞。揆^④崖之隔，以寻^⑤尺计，竟水之过，以数丈计，水行其中，石峙于上，为态为色，为肤为骨，备极妍丽。不意黄茅白苇中，顿令人一洗尘目也！

【注释】

①　大梁：战国时魏国的都城，在今开封市，称大梁，后世相沿即称开封为大梁。

②　碛（qì）：不生草木的沙石地。

③　兕（sì）：雌性犀牛的古称。

④　揆（kuí）：揣测，估计。

⑤　寻（xún）：古代的长度单位，八尺为一寻。

【译文】

　　我踏入开封府后，地势平坦开阔，广袤无垠，古人称其

《嵩山草堂图》
（清）王翚　收藏于美国克利夫兰艺术博物馆

为"陆海"。平地上很难见到泉水，更别说出于岩石的泉水了。走近嵩山才首次看到迂回弯曲的诸峰岭，到了这个地方向北流的水有景水、须水等溪流，向南流的有颍水，但这些河流都盘伏于沙砾中。唯独登封县东南三十里的石淙河，才是嵩山东边山谷的水，向下汇入颍水。山路起伏曲折，水皆为地下水，到了这里突然遇上奋起的石崖。石崖耸立于山冈和峡谷当中，有"一夫当关，万夫莫开"的气势。水从石崖两侧渗入，在这里水石交叠，姿态绮丽，变幻无常。水流围住岸边的崖壁，像是天鹅伸展脖子立在此处，又像雁阵一样排成了行；位于水中央的石块，就像喝水的犀牛、趴着的猛虎。矮小的石块则凝聚成小岛，伟岸的就会成为平台，愈是巍峨岩石就会愈发远离水面，其中有中空的，成为窟或洞。崖石之间的距离，可用寻和尺来计算，水速最大时的水面，得用几丈来估量。水在石崖中奔流，石崖屹立在水流上方，形态颜色，就如同肌骨，漂亮极了。想不到在黄澄澄的茅草与白茫茫的芦苇丛里，会有让人眼前一亮的景致！

西北行二十五里，为岳庙。入东华门时，日已下舂①，余心艳卢岩，即从庙东北循山行。越陂陀②数重，十里，转而入山，得卢岩寺。寺外数武③，即有流铿然下坠石峡中。两旁峡色，氤氲④成霞。溯流造寺后，峡底蠡崖，环如半规，上覆下削。飞泉堕空而下，舞绡⑤曳练⑥，霏微散满一谷，可当武彝之水帘。盖此中以得水为奇，而水复得石，石复能助水不尼⑦水，又能令水飞行，则比武彝为尤胜也。

【注释】

① 下舂（chōng）：日落之时。

② 陂陀（pō tuó）：倾斜，不平坦。这里指崎岖的山坡。

③ 武：半步，泛指脚步。

④ 氤氲（yīn yūn）：烟气、烟云弥漫的样子。

⑤ 绡（xiāo）：生丝织物。

⑥ 练（liàn）：煮熟的白绢。

⑦ 尼（nǐ）：阻止，阻拦。

【译文】

　　往西北行二十五里，抵达了中岳庙。进了东华门的时候，太阳已经下山。我盼着前往卢岩寺，便立刻从中岳庙向东北顺着山一路前进。越过几重不大平整的坡路，走了十里，转向入山，到了卢岩寺。寺外不远的地方，有琤琤作响的溪水投入山峡。峡谷两旁云雾环绕，形成彩霞。顺着水流来到寺中后，只见峡底挺拔的岩石，好似半圆盘绕，上面覆合，下面陡峭。四溅的水花凌空直下，像薄纱舞动，又似白绢拉拽，细小的水珠遍布谷底，抵得上武彝山的水帘洞。这里以水作为奇胜，水石呼应，岩石能助推水势而不妨碍水流，从而使得水花高起，这样就比武彝山更加优美了。

嵩山与尧舜禹
选自《历代帝王圣贤名臣大儒遗像》册 （清）佚名 收藏于法国国家图书馆

帝尧像

尧名放勋，帝喾次子。初封于陶，又封于唐，故号陶唐氏。上古时期的圣贤君王，史称"其仁如天，共知（智）如神。就之如日，望之如云。富而不骄，贵而不舒"。在位之年施德政，实现"九族既睦"。传说尧礼贤下士，多次登箕山请许由出山掌管天下，因而此地成了尧禅让美德的发起地。后来帝尧以百岁高龄驾崩于嵩山脚下的登封阳城，把自己托付给了嵩山。

帝舜像

传说其为父系氏族社会后期部落联盟首领。名重华，传为黄帝的八世孙，因生于姚墟，故姓姚，冀州人。舜受尧的禅让而称帝于天下，建都蒲阪（今山西永济），国号"有虞"，故号为"有虞氏帝舜"。舜在嵩山也留下了很多足迹，例如种地耕田、登封负黍城经商、禅让大禹等。

帝禹像

上古时期，黄河流域洪水为患，禹主持治水。后受舜的禅让，成为圣王，禹生长在嵩山，建都于嵩山。嵩山的主体太室山、少室山也因大禹的两个妻子涂山娇、涂山姚分别居住其下而得名。

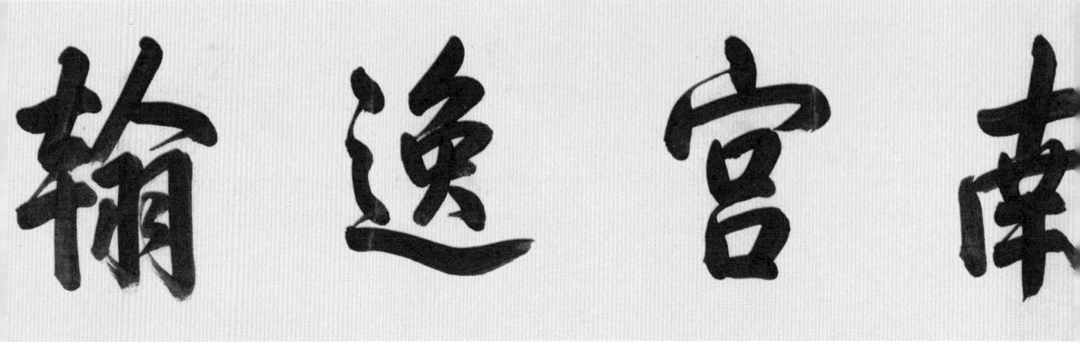

南宫逸翰

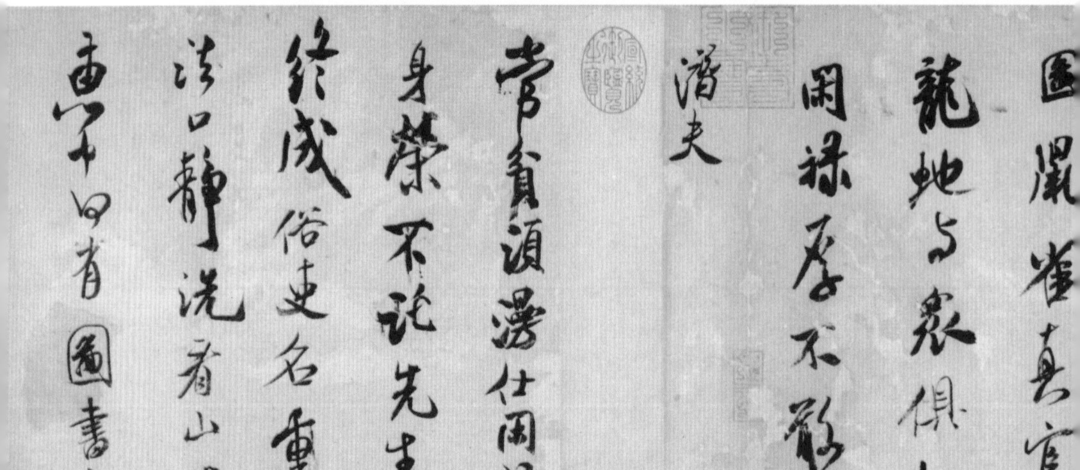

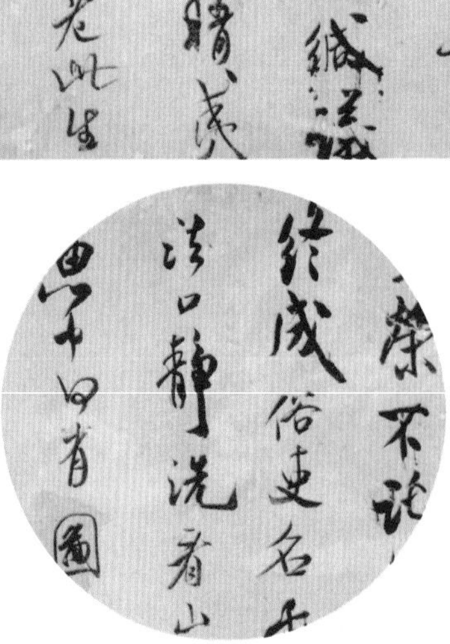

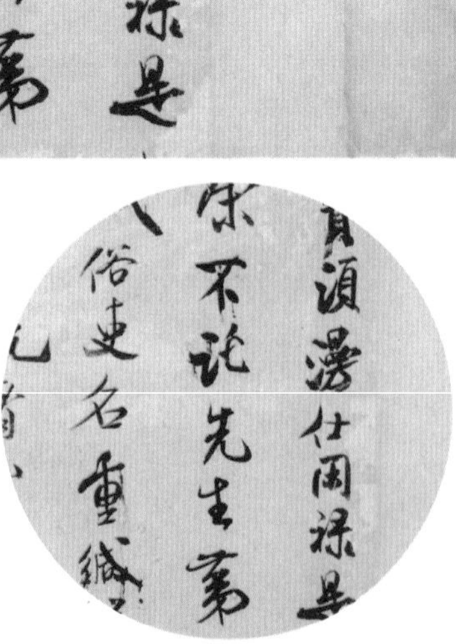

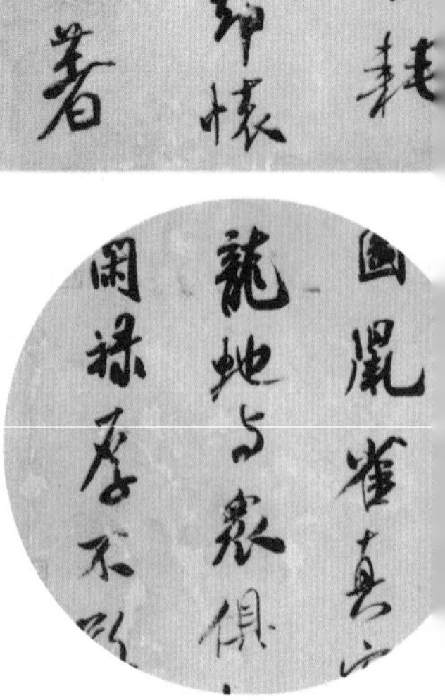

圖鼠雀真官耗

龍地与衆俱却懷

閑禄厚不散著

潜夫

嘗貧須邊仕閑禄是

身榮不詑先生萬

終成俗吏名重織讓

清口靜洗看山睛茂

西千日者圖書老此生

《书拜中岳命诗帖》卷
（北宋）米芾　收藏于北京故宫博物院

此为米芾到嵩山中岳庙担任庙监，在嵩山所写。表现了米芾虽身处怡然的自然环境中但官场失意的复杂心境。

自跋：拜中岳命作，芾。云水心常结，风尘面久卢。重寻钓鳌客，初入选仙图。鼠雀真官耗，龙蛇与众俱。却怀闲禄厚，不敢著潜夫。常贫须漫仕，闲禄是身荣。不讬先生第，终成俗吏名。重缄议法口，静洗看山晴。夷惠中何有，图书老此生。

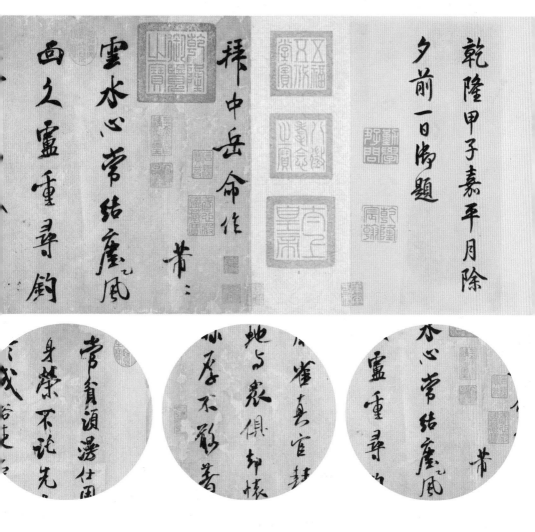

游太华山日记

　　太华山，又称"华山"，为五岳之西岳，位于陕西省华阴市。明天启三年（1623年），徐霞客游历太华山。他于二月末入潼关，至华山，到西岳庙，游遍华山顶上五峰。这篇游记便是他游历太华山及周边后所写。虽名《游太华山日记》，但所记不止华山一地一景，还记录了周边的情况，内容翔实丰富。

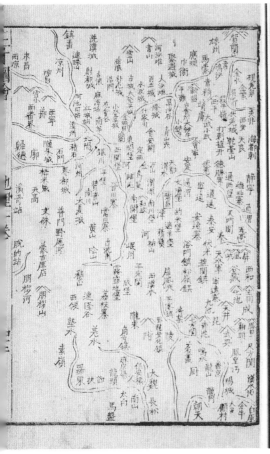

陕西舆图

选自《三才图会》明刊本 （明）王圻，（明）王思义\撰

明代陕西省行政划分为西安府、延安府、汉中府、平凉府、凤翔府、临洮府、巩昌府、庆阳府八个府级行政区。华山位于西安府东部，西岳华山，古称太华山，在地图中位于东部边界中偏下地区。

　　二月晦，入潼关，三十五里，乃税驾①西岳庙。黄河从朔漠②南下，至潼关，折而东。关正当河、山隘口，北瞰河流，南连华岳，惟此一线为东西大道，以百雉③锁之。舍此而北，必渡黄河，南必趋武关，而华岳以南，峭壁层崖，无可度者。未入关，百里外即见太华屼出云表；及入关，反为冈陇所蔽。行二十里，忽仰见芙蓉片片，已直造其下，不特三峰秀绝，而东西拥攒诸峰，俱片削层悬。惟北面时有土冈，至此尽脱山骨，竞发为极胜处。

【注释】

①　税驾（tuō jià）：税通"脱"，指解下驾车的马，指休息或住宿。

②　朔（shuò）漠：北方沙漠之地。

③　雉（zhì）：古城墙的计量单位，以长三丈、高一丈为一雉。

【译文】

　　二月底，踏入潼关，走了三十五里，在西岳庙投宿。黄河自北方大漠地带南下，入潼关后转向东流。潼关刚好处在黄河流出华山的隘口，向北俯瞰黄河，南面与华山相连，唯这条狭小的通道成为东西交通要道，由硕大的城墙禁锢着。如果放弃潼关北行，则要横跨黄河；向南则须由武关出，华山的南边，崖石千沟万壑，没有路可以穿过。未曾入关时，

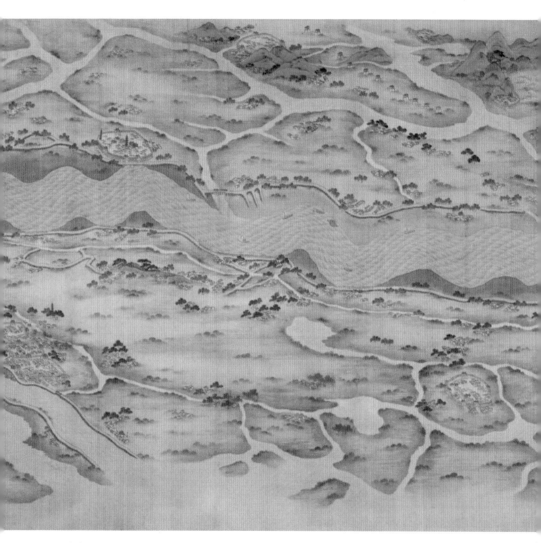

《黄河图》（局部一）

（清）周治、李含　收藏于中国台北故宫博物院

此画卷是地图与山水画的结合，作者采用鸟瞰式构图绘制了黄河水利工程，以及周围景观。
卷首绘黄河入海口，尾部绘黄淮海平原。黄河作为中国第二长河，自西向东流经中国青海、
四川、甘肃、宁夏、内蒙古、陕西、山西、河南及山东9个省（自治区），最后汇入渤海。
宋代王安石曾作《黄河》："派出昆仑五色流，一支黄浊贯中州。吹沙走浪几千里，转侧
屋间无处求。"

《黄河图》（局部二）

（清）周治、李含　收藏于中国台北故宫博物院

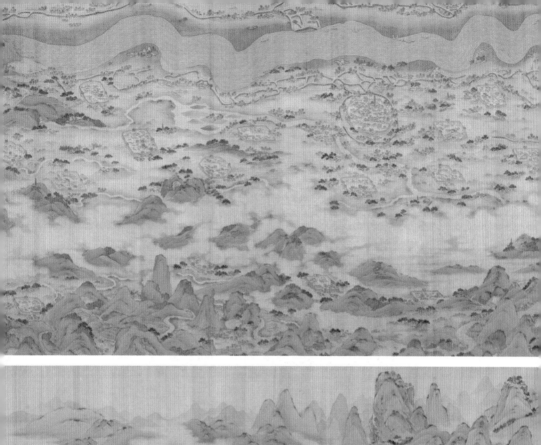

《华山》轴
（清）王原祁　收藏于北京故宫博物院

《华山秋色》轴
（清）王原祁　收藏于中国台北故宫博物院

百里外便见到华山突起耸入云上；入潼关后，华山却被遮挡住了。往前走了二十里，忽然看见一些美如芙蓉般的山峰，原来是已经走到华山脚下了，不仅落雁、朝阳、莲花三山俊美，东西两面围绕簇拥的群峰，也都像刀削出来的，层层高悬。只有北面偶有土丘，到了这里完全露出峥峥的石块，争相展现绝美的景致。

初三日，行十五里，入岳庙。西五里，出华阴①西门，从小径西南二十里，入泓峪，即华山之西第三峪也。两崖参天而起，夹立甚隘，水奔流其间。循涧南行，倏而东折，倏而西转。盖山壁片削，俱犬牙错入，行从牙罅中，宛转如江行调舱然。

【注释】

① 华阴：即今陕西华阴市，明为县，隶西安府华州。

【译文】

初三日，走了十五里路，到了西岳庙。向西五里，从华阴县西门出去，经由小道向西南行进二十里，便到了泓峪，这是华山西侧的第三座山谷。山谷两侧的崖石高入云天，夹谷矗立，异常狭窄，溪水在山谷内流淌。顺着山涧向南走，时而西向，时而东转。山崖石壁非常陡峭，像交错的犬牙，人也像是在牙缝中前行，如同在江中行船时需要不断掉转船头。

《华山图》册（部分）

（明）王履

绘画部分共计40页，分别收藏于北京故宫博物院（29页）与上海博物馆（11页）。
作品将华山的"奇险俊秀"展现得淋漓尽致。

游太和山日记

太和山即武当山，为道教名山，风景胜地，位于今湖北丹江口市。明天启三年（1623 年），徐霞客游太和山。他于三月十三日登太和山，游遇真宫、紫霄宫等，后作此篇游记。

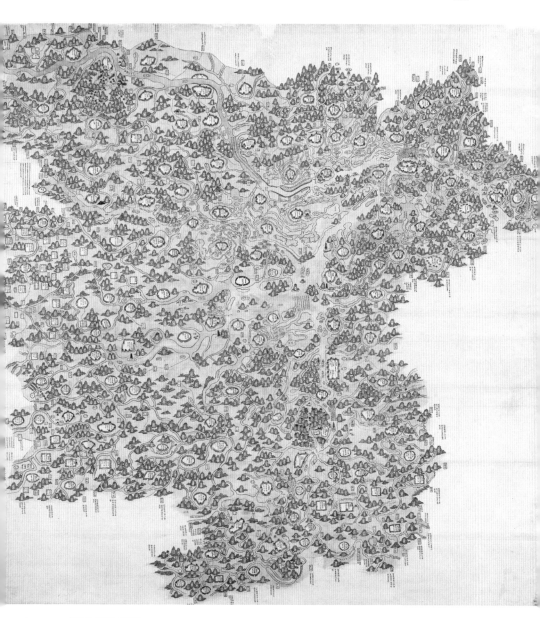

《彩绘湖广省图》

（清）佚名　收藏于法国国家图书馆

湖广省，是明代一级行政区湖广承宣布政使司的简称，直到康熙三年（1664年）将北部
地区改为湖北省，南部地区统称湖南省。明代湖广省管辖十六府，即武昌府、岳州府、黄
州府、承天府、汉阳府、辰州府、荆州府、德安府、襄阳府、宝庆府、郧阳府、永州府、
常德府、长沙府、衡州府、黎平府。

　　十三日，骑而南趋，石道平敞。三十里，越一石梁，有溪自西东注，即太和下流入汉者。越桥为迎恩宫，西向。前有碑大书"第一山"三字，乃米襄阳^①笔，书法飞动，当亦第一。又十里，过草店，襄阳来道，亦至此合。路渐西向，过遇真宫，越两隘下，入坞中。从此西行数里，为趋玉虚^②道；南跻上岭，则走紫霄间道也。登岭。自草店至此，共十里，为回龙观。望岳顶青紫插天，然相去尚五十里。满山乔木夹道，密布上下，如行绿幕中。

【注释】

① 米襄阳：即米芾（fú）（1051—1107），宋代著名画家、书法家，其居所与襄阳城隔河相对，抬头即可欣赏汉水的烟波和重叠的山峦，这样的环境对他的创作有很大的帮助，故世称"米襄阳"。

② 玉虚：玉虚宫，武当山中最大的宫城之一。

【译文】

　　十三日，骑着马往南赶路，石路平缓宽阔。走了三十里，跨过一座石桥，溪水自西向东流，这是自太和山汇入汉水的水流。跨过石桥便是迎恩宫，宫门朝西。门前有一块石碑，写着"第一山"三个字，出自襄阳人米芾之手，笔法飞转灵动，堪称当世第一。又走十里，途经草店，从襄阳方向来的道路，也在此汇集。道路逐步转向西方，经遇真宫，穿越

先生嗜奇己成癖
市具袍对拜

斋石年来肴六好
奇人相见

王庚懒长揖

清狂道人
秦松郭诩

米芾拜石图

选自《人物》册页　（明）郭诩　收藏于上海博物馆

米芾，字元章，北宋著名书画家，与苏轼、黄庭坚、蔡襄并称"宋四家"。米芾爱石，整日醉心于品赏怪石。在书画上，米芾喜画枯木竹石，擅行、隶、楷、草、篆书体，宋代苏东坡评价米芾："米书超逸入神。平生篆、隶、真、行、草书，风樯阵马，沉着痛快，当与钟、王并行，非但不愧而已。"

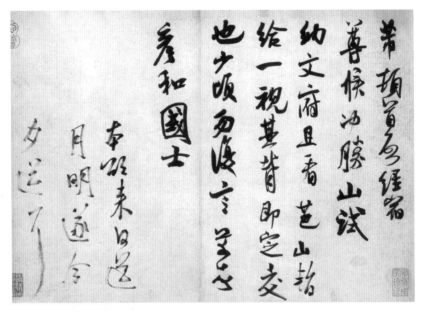

▲ 《彦和帖》（局部）

（北宋）米芾　收藏于中国台北故宫博物院

米芾写给彦和国士信。内容：芾顿首启。经宿。尊候冲胜。山试纳文府。且看芭山。暂给一视其背。即定交也。少顷。勿复言。芾顿首彦和国士。本欲来日送。月明。遂今夕送耳。《宋史·米芾传》写道："特妙于翰墨，沉着飞，得王献之笔意。"

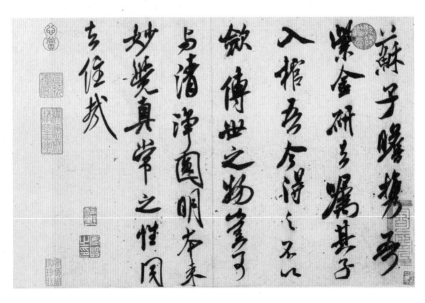

▶《武当雪霁图》轴
（明）谢时臣　收藏于
上海博物馆

此图描绘的是武当山紫霄
宫及来往的游客。紫霄
宫全称"太元紫霄宫"，
明代建筑。唐代白居易
作《游紫霄宫》："水
洗尘埃道味尝，甘于名
利相相忘。心怀天洞丹
霞客，口诵三清紫府章。
十里采莲歌达旦，一轮
明月桂飘香。日高公子
还相见，见得山中好酒
浆。"

◀《紫金研帖》
（北宋）米芾　收藏于
中国台北故宫博物院

米芾写给苏轼家人的信，
向其讨要被苏轼借走的
紫金研免于成为苏轼的
陪葬品。
内容：苏子瞻携吾紫金
研去。嘱其子入棺。吾
今得之。不以敛。传世
之物。岂可与清净圆明
本来妙觉真常之性同去
住哉。
米芾在《自叙帖》中写
道："要得笔，谓骨筋、
皮肉、脂泽、风神皆全，
犹如一佳士也。""得
笔，则虽细为发亦圆；
不得笔，虽粗如椽亦扁，
此虽心得，亦可学。"

两处陡峭的隘口,步入山坞。从这里再往西走几里,则是前往玉虚宫的路;从南面登山岭,则是通往紫霄宫的小道。于是,复登山岭。自草店至此处,走过十里路,便到了回龙观。远眺太和山顶,一片青紫耸入云霄,此处离山顶还有五十里。山上满是挺拔的林木,夹立密布于道路左右,步于其中就像行走在绿色的帷幕中。

从此沿山行,下而复上,共二十里,过太子坡。又下入坞中,有石梁跨溪,是为九渡涧①下流。上为平台十八盘,即走紫霄登太和大道;左入溪,即溯九渡涧,向琼台观及八仙罗公院诸路也。峻登十里,则紫霄宫在焉。紫霄前临禹迹池,背倚展旗峰,层台杰殿,高敞特异。入殿瞻谒②。由殿右上跻,直造展旗峰之西。峰畔有太子洞、七星岩,俱不暇问。共五里,过南岩之南天门。舍之西,度岭,谒榔仙祠。祠与南岩对峙,前有榔树特大,无寸肤,赤干耸立,纤芽未发。旁多榔梅树,亦高耸,花色深浅如桃杏,蒂垂丝作海棠状。梅与榔本山中两种,相传玄帝插梅寄榔,成此异种云。

【注释】

① 九渡涧:又名剑河,上面有一座剑河桥,又名天津桥。

② 瞻谒(zhān yè):朝见,谒见。

【译文】

从这里沿着山麓前行,下去又上来,共行二十里,途经太子坡。来到下面的山坞里,有一座石桥横卧于溪上,这里

▼《游七星岩诗》

（明）解缙 收藏于北京故宫博物院

内容：游七星岩偶成。早饭行春桂水东，野花榕叶露重重。七星岩曲篆灯入，百转萦回路径通。石溜滴余成物象，古潭深处有蛟龙。却归为恐衣沾湿，洞口云生日正中。就日门前春水生，浮波岩下钓船轻。漓江倒影山如画，榕树交柯翠夹城。村店午时鸡乱叫，游人陌上酒初醒。殊方异俗同熙皞，欲进讴谣合颂声。度水穿林访隐君，七星岩畔鹤成群。犹疑仙李遗朱实，几见蟠桃结绛云。石乳悬崖金烂烂，瀑泉隬洞鸟纷纷。柳莺满树春风啭，共坐高吟把酒闻。桂水东边度石桥，酒祈村巷见渔樵。葭祠歌吹迎神女，野庙蘋蘩祀帝尧。附郭有山皆积石，仙岩无路不通霄。日长衣绣观民俗，行乐光辉荷圣朝。永乐戊子五月十一日，为文弼书鹰识。

是九渡涧的下游。向上是平台十八盘，是去往紫霄宫、太和山的大道；从左边沿着溪流进去，沿着九渡涧逆流而上，便是去往琼台观和八仙罗公院的路。爬过十里陡峻的山路，就能看到紫霄宫了。紫霄宫前临禹迹池，背靠展旗峰，可见层叠的平台与辉煌的殿宇，高大且奇异。进入大殿，瞻仰拜祭。之后从殿右侧向上攀登，来到展旗峰的西侧。这里有太子洞、七星岩，来不及去看。共行五里，过南岩的南天门。放弃观赏南天门而往西走，翻越山岭，去榔仙祠拜谒。榔仙祠与南岩对峙，祠前有伟岸的榔树，没有树皮，光秃秃地挺立着，也没有萌发一点嫩芽。附近有许多榔梅树，也都高耸着，花色跟桃花和杏花一般深浅，垂丝的花蒂倒很像海棠。梅树与榔树原本是山中不同的树种，传说是真武帝君把梅树枝扦插在榔树上，造就了这种神奇的树木。

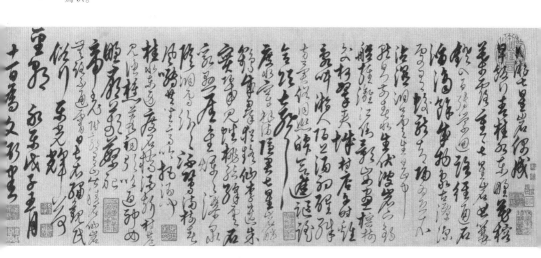

闽游日记

导 读

　　《闽游日记》有前后两篇，前篇写于明崇祯元年（1628年），是徐霞客第三次游福建，他于三月十二日入福建界，游金斗山，赏玉华洞，游记记录了他在丹枫岭至永安途中的游程。

　　后篇写于明崇祯三年（1630年），是徐霞客第四次游福建。他于七月十七日起程，一路上过江山青湖，入福建浦城，十九日到达漳州。在多次故地重游后，又探寻了未曾游览过的景点。

闽游日记（前）

越白沙岭，是为顺昌境。又二十五里，抵县。县临水际，邵武之水从西来，通光泽；归化之水从南来，俱会城之东南隅①。隔水望城，如溪堤带流也。循水南行三十里，至杜源，忽雪片如掌。十五里至将乐境，乃杨龟山②故里也。又十五里，为高滩铺③。阴霾尽舒，碧空如濯④，旭日耀芒，群峰积雪，有如环玉。闽中以雪为奇，得之春末为尤奇。村氓⑤市媪⑥，俱曝⑦日提炉；而余赤足腾踔⑧，良大快也！

【注释】

① 隅（yú）：角落。

② 杨龟山：即杨时（1053—1135），将乐人，字中立，别号杨龟山，北宋哲学家、文学家、政治家。著有《杨龟山先生集》。

③ 高滩铺：即今高塘，又作高唐，在福建省将乐县东境，金溪南岸。

④ 濯（zhuó）：洗。

⑤ 氓（méng）：平民；百姓。亦专指居于郊野之民。

⑥ 媪（ǎo）：年老的妇人。

⑦ 曝（pù）：晒。

⑧ 腾踔（chuō）：跳起，凌空。踔，跳，跳跃。

【译文】

翻过白沙岭，就到了顺昌县境内。又走了二十五里，抵达顺昌县城。县城靠近水边，邵武府的溪水从西方流过来，上游通到光泽县；归化县的水向南流，统一在县城东南方向汇集。隔着溪水远看县城，溪水好像飘摇的衣带一样奔流而去。沿着溪水往南走三十里，来到了杜源，天突然下起了大

雪，雪花有手掌大小。行十五里后，来到将乐县境内，此处为杨龟山先生的故乡。又走了十五里，到了高滩铺。云雾全都散开后，天空一碧如洗，太阳闪着光芒，落雪的峰岭就像佩戴了白玉环。福建省的人把下雪视为奇事，春末下雪更让人觉得诧异。村民和集市上的老妇们，都在晒着太阳或提炉烤火；而我却赤脚奔走，真是太痛快了！

《福建省海岸全图》
（清）佚名　收藏于日本国立国会图书馆

这幅海岸图重点描绘了福建省沿海一带的军事驻地情况，其中绘制了城、府、墩、台、炮台、寨、所、铺、卫、堡、村、驿站、港湾、口岸等一系列军事设施。图中沿海府县依次是：福宁府、福安县、宁德县、罗源县、连江县、福州府、闽安镇、长乐县、福清县、兴化府、莆田县、惠安县、泉州府、金门城、同安县、海澄县、厦门城、漳浦县、诏安县等。

《游张公洞图》

（清）石涛　收藏于美国纽约大都会艺术博物馆

自跋：张公洞中无人矣，张公洞中春风起。春风知从何处生，吹□千人万人耳。遂使玄机泄造化，奥妙略被人所齿。众中谈说向模糊，吾因绘之味神理。此洞抑郁如奇人，兀羃直逼天下士。肥遁窟穴渺冥中，彪炳即同虎豹是。君不见，弥纶石隙尽文章，女娲炼石穷奢侈。杂以林峦佐羽翼，文质彬彬亦君子。洞乎洞乎作画图，潜虽伏矣烂红紫。此可目之为山水。清湘大涤子涛并识。

遊張公洞之圖

清湘石濤畫

出南关①，渡溪而南，东折入山，登滕岭。南三里，为玉华洞。先是，过滕岭即望东南两峰耸立，翠壁嶙峋②，迥与诸峰分形异色。抵其麓，一尾横曳，回护洞门。门在山坳间，不甚轩豁，而森碧上交，清流出其下，不觉神骨俱冷。山半有明台庵，洞后门所经。余时未饭，复出道左登岭。石磴萦松，透石三里，青芙蓉顿开，庵当其中。饭于庵，仍下至洞前门，觅善导者。乃碎斫松节置竹篓中，导者肩负之，手提铁络，置松燃火，烬辄益之。初入，历级而下者数尺，即流所从出也。溯流屈曲，度木板者数四，倏隘倏穹，倏上倏下，石色或白或黄，石骨或悬或竖，惟"荔枝柱""风泪烛""幔天帐""达摩渡江""仙人田""葡萄伞""仙钟""仙鼓"最肖。沿流既穷，悬级而上，是称"九重楼"。遥望空蒙③，忽曙色④欲来，所谓"五更天"也。至此最奇，恰与张公洞由暗而明者一致。盖洞门斜启，玄朗映彻，犹未睹天碧也。从侧岭仰瞩，得洞门一隙，直受圆明。其洞口由高而坠，弘含奇瑰，亦与张公同。第张公森悬诡丽者，俱罗于受明之处；此洞炫巧争奇，遍布幽奥，而辟户更拓。两洞同异，正在伯仲间也。拾级上达洞顶，则穿崖削天，左右若青玉赪⑤肤，实出张公所未备。下山即为田塍。四山环锁，水出无路，汩然中坠，盖即洞间之流，此所从入也。

【注释】

① 南关：即将乐县南关。

② 嶙峋（lín xún）：山石峻峭、重叠突兀的样子。

③ 空蒙：细雨迷茫的样子。

④ 曙色：破晓时的天色。

⑤ 赪（chēng）：红色。

【译文】

自县城南关出来，渡过溪流朝南走，从东入山，登上滕岭。向南走三里便是玉华洞，到这里之前，刚过滕岭就看到东南方向有两山峰耸立，葱茏峻峭的石壁与群峰大相径庭，形色迥异。到了山脚下，山脊像一条尾巴横拖过来，护卫着洞穴。洞口位于沟壑间，不太开阔，但葱翠的树木交错在上面，清澈的流水出现在洞口下，让人不由自主地感到一丝凉意。山腰上有座明台庵，是去玉华洞后洞口的必经之地。此时我还未用饭，于是离开主路，从路左侧攀跃山岭。石阶两旁被松林围绕，在石阶路上走了三里，青山如芙蓉般开阔起来，明台庵位于中央。在明台庵用饭后，便下到玉华洞前洞口，找到一个熟悉路的导游。将松节劈碎置于竹篓，由导游背着，手中再拿上铁制的照明用品，将松节作为燃料投入其中，等快烧完时会再加些新的进去。刚进洞的时候，沿台阶往下走了一段路，很快就寻到了水源。沿着水流曲折前行，四次从木板上走过去，山洞一会儿狭窄，一会儿宽敞，道路也是上下不一，岩石的颜色有时是白有时黄，骨头样的岩石有悬垂的，也有直竖的，而只有"荔枝柱""风泪烛""幔天帐""达摩渡江""仙人田""葡萄伞""仙钟""仙鼓"这些比较像。沿着流水走到尽头后，经由高悬的石阶向上攀登，这里被称为"九重楼"。遥看雾蒙蒙的洞内，蓦然有一种天将要发亮的感觉，这就是所谓的"五更天"了。行至此处的玉华洞是最瑰异的，与江苏宜兴县张公洞"从黑暗转向光明"的

景色很接近。可能由于山洞开口不正，黑暗中远处明亮的光线照进来，但从这里却看不到碧蓝的天色。在石壁一侧仰视，有个洞口露出一条缝隙，有阳光直射进来。这个洞口自上而下开口，显得十分宽阔，而且景象绮丽，神似张公洞。不过张公洞中类似的景物全表现在亮光照射的地方，而这个山洞炫目奇巧，争奇斗妍，满是幽然之物，且另有其他洞口。两个山洞的异同高低，却是各有千秋。从石阶登上洞顶，巍峨的山崖如同刀削般，上接云霄，左右两边如红色外皮的青玉一样，这确实远胜张公洞。下山便是田野，周围山体萦绕环锁，水无出路，哗哗地从中间倾泻而下，那可能就是玉华洞的水流，而这里就是水流进去的地方。

《仙山玉洞图》轴
（明）陆治　收藏于中国台北故宫博物院

自跋：玉洞千年秘。黢通罨尽来。玄中藏窟宅。云里拥楼台。岩窦天光下。瑶林地府开。不须瀛海外。只尺见蓬莱。张公洞作。包山陆治。

闽游日记（后）

　　初四日，冒雨为龙洞游。同导僧砍木通道，攀乱碛而上。雾瀚滃铦[1]，苇[2]石笼崖，狞恶如奇鬼。穿簇透峡，窈窕者，益之诡而藏其险；屼嵲[3]者，益之险而敛其高。如是二里，树底睨峭崿[4]。攀踞其内，右有夹壁，离立仅尺，上下如一，似所谓"一线天"者，不知其即通顶所由也。乃蓺火篝灯[5]，匍匐入一罅。罅夹立而高，亦如外之一线天，第外则顶开而明，此则上合而暗。初入，其合处犹通窍一二，深入则全黑矣。其下水流沙底，濡足而平。中道有片石，如舌上吐，直竖夹中，高仅三尺，两旁贴于洞壁。洞既束肩，石复当胸，无可攀践，逾之甚艰。再入，两壁愈夹，肩不能容。侧身而进，又有石片如前阻其隘口，高更倍之。余不能登，导僧援之。既登，僧复不能下，脱衣宛转久之，乃下。余犹侧仄石上，亦脱衣奋力，僧从石下掖之，遂得入。其内壁少舒可平肩，水较泓深，所称"龙池"也。仰睇[6]其上，高不见顶，而石龙从夹壁尽处悬崖直下。洞中石色皆赭黄，而此石独白，石理粗砺成鳞甲，遂以"龙"神之。挑灯遍瞩而出。石隘处上逼下碍，入时自上悬身而坠，其势犹顺，出则自下侧身以透，胸与背既贴切于两壁，而膝复不能屈伸，石质刺肤，前后莫可悬接，每度一人，急之愈固，几恐其与石为一也。既出，欢若更生，而岚气忽澄，登霄在望。由明峡前行，芟[7]莽开荆，不半里，又得一洞。洞皆大石层叠，如重楼复阁，其中燥爽明透。

【注释】

①　滃（wěng）：形容云气涌起。铦（xiān）：锋利。

② 萉（fèi）：通常形容枝叶幼小，这里形容小。

③ 屼嶭（wù niè）：山高耸的样子。

④ 睨（nì）：斜着眼看。崿（è）：山崖。

⑤ 爇（ruò）：燃或烧。篝（gōu）灯：把灯放在竹笼里。篝，这里指竹笼。

⑥ 睼（dì）：眯着眼睛斜看。

⑦ 芟（shān）：割草，引申为除去。

【译文】

初四日，冒雨游览龙洞。与作为向导的僧人一起劈树开路，在乱石中爬山。雾气四散开来，荆棘尖利，到处都是小石子，它们状貌狰狞，像是恶鬼。在山谷石堆里穿行，那些状貌窈窕的岩石，为峡谷增添了一丝奇异，从而遮藏住山谷中的凶恶；巍峨挺立的岩石，加重了山谷的诡异，隐藏了山谷的险境。就这样二里路都是如此，在阴凉下侧目看峻峭的石壁。登上去坐在岩石丛中，山谷右侧狭小，两边仅隔一尺宽，上下都很窄，很像"一线天"的景致，不知道这便是去山顶必须经过的地方。于是点灯，在石缝中匍匐前行。石缝很窄，且两侧崖壁高立，与"一线天"相似，只是"一线天"上面是敞亮的，而此缝却封闭幽暗。则进入其中时，上面还曾有几处石窍透光，深入之后则完全变得幽暗起来。脚下是有水流通行的沙土，脚虽被浸湿，路却是平缓的。路上遇到一片岩石，其形似上吐的舌头，直直挺立在洞中，有三尺高，两侧紧挨着石壁。洞壁束缚了双肩，这块岩石又挡在胸前，没地方攀缘踩踏，通行很是艰辛。再往里走，两侧崖壁愈发狭窄，肩膀都快容不下了。于是侧身前行，又一类似岩石阻挡在隘口，高度也是之前岩石的一倍。我爬不上去了，向导便将我拉了上去。上来后，向导也不好再下去了，他褪去外衣来来回回绕了很久，这才下去。我还是侧身站在岩石上，也褪去外衣努力下移，向导扶着我，才能持续前行。里面的洞壁稍微舒展了些，能够平肩前行了，流水也变深了，这就是所谓的"龙池"。眯着眼睛朝上斜视，发现上方奇高甚至看不到顶部，唯独石龙从狭窄的悬崖尾部径直向下延展。这里的石头呈赭黄色，仅石龙是白色的，其肌理似粗陋的磨石，状似龙鳞，因而用"龙"来神化它。提灯将景物仔细看过后才往出走。洞石上方聚拢，下方有障碍物，进去时是悬坠身体下来的，较为顺利，出来时是从下方侧身钻出的，前胸后背紧贴其上，膝盖也不能屈伸，石壁划刺着肌肤，人也不能挨着一起通过，行进时，越着急卡得越结实，担心跟石头合二为一。出来之后，开心得像是获得重生一样，而且山间的云气顿然散去，登上插入云霄的峰顶也看到了希望。在明亮的山谷中行进，削草斩棘，没到半里路，又看到一个山洞。它的内壁全是重叠的大石，像层层楼宇，洞内干爽透亮。

《闽游图》卷

（明）项圣谟　收藏于旅顺博物馆

此卷描绘了闽中地区的风土人情，独具特色的闽江水石跃然于纸上。李日华赞其画风为"英思神悟，超然独得"。

自跋：此写闽中榕荔溪石之胜也。夫榕荔之千奇万怪，各有木理尚可形容，至若溪石莫可名状，非画不能传其神。及画而又知非画之所能备甚矣，画之难也。因极溪石之变，以采画法之常，聊缩千里之观，以成一时之兴。

　　二里，登绝顶，为浮盖最高处。踞石而坐，西北雾顿开，下视金竹里以东，崩坑坠谷，层层如碧玉轻绡①，远近万状；惟顶以南，尚郁伏未出。循西岭而下，乃知此峰为浮盖最东。由此而西，蜿蜒数峰，再伏再起，极于叠石庵，乃为西隅，再下为白花岩矣。既连越二峰，即里山趋寺之第三冈也。时余每过一峰，辄一峰开霁，西峰诸石，俱各为披露。西峰尽，又越两峰，峰俱有石层叠。又一峰南向居中，前耸二石，一斜而尖，是名"犁头尖石"。二石高数十丈，堪为江郎支庶，而下俱浮缀叠石数块，承以石盘，如坐嵌空处，俱可徙倚。此峰南下一支，石多嶙峋，所称"双笋石人"，攒列寺右者，皆其派也。峰后散为五峰，回环离立，中藏一坪②可庐，亦高峰所罕得者。又西越两峰，为浮盖中顶，皆盘石累叠而成，下者为盘，上者为盖，或数石共肩一石，或一石复平列数石，上下俱成叠台双阙，"浮盖仙坛"，洵③不诬称矣。其石高削无级，不便攀跻。登其巅，群峰尽出。山顶之石，四旁有苔，如发下垂，嫩绿浮烟，娟然④可爱。

【注释】

①　绡（xiāo）：生丝。生丝织成的绸子。

②　坪（píng）：平坦的场地。

③　洵（xún）：诚然、确实。

④　娟（juān）然：秀美的样子。

【译文】

　　复行二里路，登临绝顶，这是浮盖山的最高峰。盘腿坐在石头上，西北方云雾骤然散去，俯瞰金竹里东侧，山坑崩落，谷底深陷，好似重重叠叠的碧玉轻纱，远近绰约多姿；只有顶峰之南，还隐伏着未曾露面。沿西侧山岭顺行而下，才得知此峰在浮盖山的最东处。自此西行，蜿蜒着几座山峰，高低起伏了各两次，在叠石庵到了尽头，是浮盖山西面的边缘，往下为白花岩。连攀两山，是里山庵通往大寺的第三座山冈。此时，我每翻越一座山峰，这座山峰就放晴，西侧峰的众石，都各自显现出来。越过西峰，又进两峰，山上石块错综重叠。又看到一座坐北朝南的峰岭，位于中央位置，峰前矗立二石，又斜又尖的叫"犁头尖石"。这两块石头有数丈高，堪称江郎山的旁支，而岩石全都悬空，下面连接着几块有层次的岩石，像是用石盘托起来的。在悬空的地方坐一会儿，流连忘返。向南下伸展的一条旁支，石头多数嶙峋，因此称"双笋石人"，簇拥在大寺右侧的众峰，都是它的支脉。峰后又分为五座山峰，回旋环绕，各自矗立，中间还有一块可以建房屋的平地，也算是高峰之上少见的地势。向西越过二峰，是浮盖山的中顶，皆为叠石堆砌，在下面的如同盘子，在上面的神似盖子，有的是几块岩石共同托着一块岩石，有的是一块岩石上平整地排列着几块岩石，上下均形成重叠的平台和成双的宫阙，取名为"浮盖仙坛"，这些岩石巍峨陡峭，不见石阶，难以攀登。攀至山顶，众峰显现。山顶上的岩石，青苔遍布，似发丝般垂下，一片浅绿色恍若飘浮在轻烟中，秀丽又可爱。

游五台山日记

　　五台山位于山西省五台县，是我国佛教名山，因五峰如五根擎天大柱拔地而起，峰顶平坦如台而得名。明崇祯六年（1633年），徐霞客到山西游历五台山，他用了四天时间游遍南、西、中、北四台，在游记中他着重墨描写了寺庙建筑。

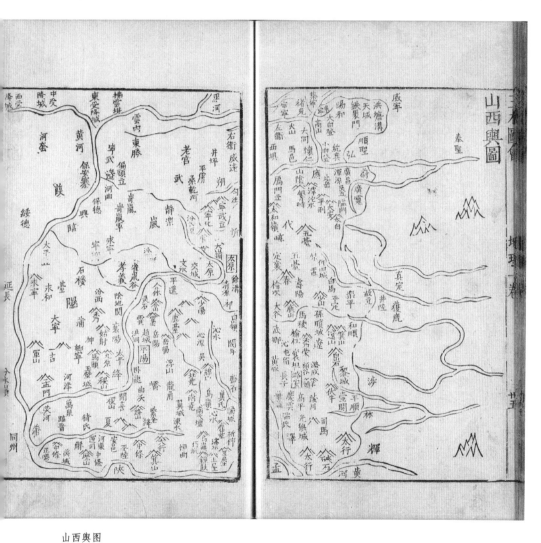

山西舆图

选自《三才图会》明刊本　（明）王圻，（明）王思义＼撰

五台山位于山西五台县东北，相传此地为文殊菩萨的道场，《佛说文殊师利宝藏陀罗尼经》中说："尔时，世尊复告金刚密迹主言，我灭度后，于南赡部洲东北方，有国名大震那。其国中有山，名曰五顶，文殊师利童子游行居住，为诸众生于中说法。"清代顾炎武作《五台山》："东临真定北云中，盘薄幽并一气通。欲得宝符山上是，不须参礼化人宫。"

初六日，风怒起，滴水皆冰。风止日出，如火珠涌吐翠叶中。循山半西南行，四里，逾岭，始望南台在前。再上为灯寺①，由此路渐峻。十里，登南台绝顶，有文殊舍利塔。北面诸台环列，惟东南、西南少有隙地。正南，古南台在其下，远则盂县诸山屏峙，而东与龙泉峥嵘②接势。从台右道而下，途甚夷，可骑。循西岭西北行十五里，为金阁岭。又循山左西北下，五里，抵清凉石。寺宇幽丽，高下如图画。有石为芝形，纵横各九步，上可立四百人，面平而下锐，属于下石者无几。从西北历栈拾级而上，十二里，抵马跑泉。泉在路隅山窝间，石隙仅容半蹄，水从中溢出，窝亦平敞可寺，而马跑寺反在泉侧一里外。又平下八里，宿于狮子窠③。

【注释】

① 灯寺：即金灯寺，在南台东北麓。

② 峥嵘（zhēng róng）：形容山的峻峭突出。

③ 狮子窠（kē）：指文殊寺，又称狮子窝，位于五台山台怀镇西南十公里的山腰处。

【译文】

初六日，狂风大作，滴水成冰。风停之后太阳出来了，阳光像火球一样从青翠的山林中喷涌而出。循着山腰向西南行进，走了四里，翻越山岭后，才望见南台就在前方。再登上去是金灯寺，自此，道路慢慢变得陡峭。行十里后，到达南台顶部，这里有文殊菩萨的舍利塔。在北方，其他各台回环屹立，唯东南方、西南方稍微有空缺。正南方，古南台在下面，远方是盂县诸峰，形似屹立的屏壁，且东面还与龙泉关峻峭突出的山岭相接。沿南台右道下行，路面平缓很多，能骑马。顺着西岭向西北走了十五里，到达金阁岭。又依山左侧向西北走了五里，到达清凉石。寺宇幽深静谧，景色错落有致，如同图画。有一灵芝状的岩石，长宽各九步，石上容得下四百人。其上平坦，其下收拢呈尖状，与底部石头相连不多。从西北侧跨过栈道顺台阶上行，走了十二里，到达马跑泉。马跑泉在路旁山窝内，缝隙只能容下马蹄的一半，泉水自石缝外溢，山窝平坦开阔能建寺院，可马跑寺却修在泉水侧一里外。缓行八里，在狮子窠投宿。

佛教的传入

佛教是世界最大宗教之一，在中国社会中占有重要地位，佛教传入中国后，影响着各个文化领域的发展。如，寺庙修建与祭祀礼仪，造像的发展，文艺领域的发展。中国的四大佛教圣地为：供奉文殊菩萨的五台山、供奉普贤菩萨的峨眉山、供奉地藏菩萨的九华山、供奉观世音菩萨的普陀山。

《燃灯佛授记释迦文图》

（南宋）佚名 收藏于辽宁省博物馆

燃灯佛在众多菩萨、罗汉的围绕中授记释迦文。

《说经图》

（元）佚名

分为三幅画轴。左右两幅是四菩萨像，中间一幅为释迦牟尼坐像。左右两幅构图对称，释迦牟尼坐于莲花宝座上，头顶上光圈，这就是所谓的"圆光"。各菩萨侧目注视释迦牟尼，聆听释迦牟尼传授佛法。

初八日，老僧石堂送余，历指诸山曰："北台之下，东台西，中台中，南台北，有坞曰台湾①，此诸台环列之概也。其正东稍北，有浮青特锐者，恒山也。正西稍南，有连岚一抹者，雁门也。直南诸山，南台之外，惟龙泉为独雄。直北俯内外二边，诸山如蓓蕾，惟兹山之北护，峭削层叠，嵯峨②之势，独露一班。此北台历览之概也。此去东台四十里，华岩岭在其中。若探北岳，不若竟由岭北下，可省四十里登降。"余颔③之。别而东，直下者八里，平下者十二里，抵华岩岭。由北坞下十里，始夷。一涧自北，一涧自西，两涧合而群峰凑，深壑中"一壶天"也。循涧东北行二十里，曰野子场。南自白头庵至此，数十里内生天花菜，出此则绝种矣。由此，两崖屏列鼎峙，雄峭万状，如是者十里。石崖悬绝中，层阁杰起，则悬空寺也，石壁尤奇。此为北台外护山，不从此出，几不得台山神理云。

【注释】

① 台湾：今台怀镇，在五台县城东北方，位于五台山的中心位置，很多寺庙集聚于此。

② 嵯峨（cuó é）：形容山势高峻。

③ 颔（hàn）：点头。

【译文】

　　初八日，老僧石堂为我送行，他指着诸峰说道："北台以下，东台之西，中台中央，南台北方，有个叫台湾的坳地，这里是萦绕排列的山貌。东偏北处有一座泛青的尖山，叫恒山。西偏南和云彩连接的地方，是雁门关。南向延展的诸峰，除去南台，唯龙泉关称雄。往正北方俯瞰长城内外，山脉好似含苞待放的花朵，仅此山从北面护卫着五台山，峭拔巍峨，在这里可以见微知著。这是遍观北台的大概情况。此地距东台有四十里，中途会经过华岩岭。若想探寻北岳，则可以顺着华岩岭北下，这样能省去约四十里路。"我欣然点头。拜别石堂后往东走，在陡峭的路上走了八里，后又缓行十二里，到达华岩岭。沿着北边的山坳再行十里，路才平坦起来。一条山涧从北边延伸过来，另一条山涧从西边延伸过来，二者合流之后诸山便聚到了一起，形成了幽深壑谷之中的胜景"一壶天"。沿着山涧东北行二十里，是野子场。从南侧白头庵到此处，数十里的路上长满了天花菜，出了这里就没有了。从这里开始，两边的崖壁似屏风般排到，又如鼎足般直立，雄奇峭拔，形态万千，在其中慢慢走了十里路。崖壁中那层叠高耸的楼阁是悬空寺，其石壁很独特。这是北台外侧的护卫之山，若不从此路离开五台山，便无法感受到五台山奇妙的山脉走势。

山水画中的"寺庙"

　　古代山水画中，除了常见的山石、植被、云雾、溪流、瀑布、舟桥、飞禽走兽以外，"寺庙"也是其中的一种元素。寺庙大多建在僻静的山林中，常有"迭嶂深岩钟声远"的意境，山寺清净出尘，能给人以静谧肃穆之感。

《秋山萧寺图》 （宋）佚名 收藏于美国纽约大都会艺术博物馆

《云岩佳胜图》

（明）文伯仁　收藏于北京故宫博物院

绘虎丘山云岩寺实景。

云岩佳滕

丙子秋仲山王间书

游恒山日记

　　恒山，古称"元岳""紫岳""恒宗"，道教圣地，位于今山西浑源县，与东岳泰山、西岳华山、南岳衡山、中岳嵩山并称"五岳"。明崇祯六年（1633年），徐霞客在游览完五台山后奔赴恒山，中途还游赏了龙山、悬空寺等。这篇游记游记短小精悍，文字优美，写景抒情，情景交融，尽显其对自然之境的热爱。

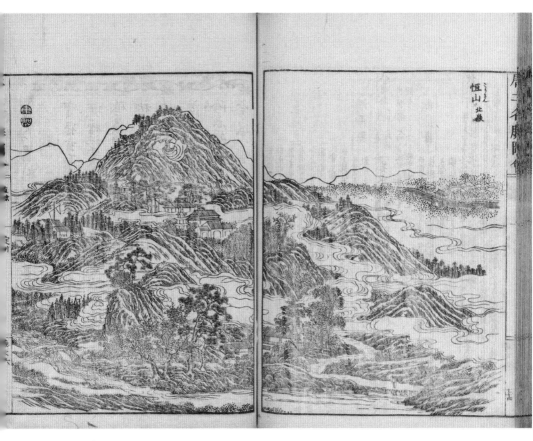

北岳恒山图

选自《唐土名胜图会》　［日］冈田玉山　收藏于日本早稻田大学图书馆

这里绘制的是河北曲阳县的恒山，也就是现在所说的大茂山。

曲阳县北岳庙始建于南北朝北魏时期，后历朝都有修葺。东汉许慎《说文解字》称："岳：东岱、南霍、西华、北恒、中泰室，王者之所以巡狩所至。"这里是帝王祭祀北岳恒山的场地，碑石石雕林立，其主殿德宁殿是现存六代最大的木制建筑。北宋沈括《梦溪笔谈》曾载："岳祠旧在山下，石晋之后，稍迁近里。今其地谓之神棚，今祠乃在曲阳。祠北有望岳亭，新晴气清，则望见大茂。"明万历十四年（1586年）朝廷将"北岳"改到西浑源玄武山。

　　望其山两峰亘峙，车骑接轸①，破壁而出，乃大同入倒马、紫荆大道也②。循之抵山下，两崖壁立，一涧中流，透隙而入，逼仄如无所向，曲折上下，俱成窈窕，伊阙双峰，武彝九曲，俱不足以拟之也。时清流未泛，行即溯涧。不知何年两崖俱凿石坎，大四五尺，深及丈，上下排列，想水溢时插木为阁道者，今废已久，仅存二木悬架高处，犹栋梁之巨擘③也。三转，峡愈隘，崖愈高。西崖之半，层楼高悬，曲榭④斜倚，望之如蜃吐重台⑤者，悬空寺也。五台北壑亦有悬空寺，拟此未能具体。仰之神飞，鼓勇独登。入则楼阁高下，槛路屈曲。崖既矗削，为天下巨观，而寺之点缀，兼能尽胜。依岩结构，而不为岩石累者，仅此。而僧寮⑥位置适序，凡客坐禅龛，明窗暖榻，寻丈之间，肃然中雅。

【注释】

① 接轸（zhěn）：车辆前后相接而行，形容车辆多。轸，车后的横木。

② 倒马：倒马关，在今河北唐县北隅。

③ 巨擘（bò）：常用来比喻一个人的优秀，在某一方面居于首位，这里形容木头之大。

④ 榭（xiè）：建筑在台上的房屋。

⑤ 蜃（shèn）吐重台：即蜃景，如"海市蜃楼"，文中又称"蜃云"。

⑥ 寮（liáo）：小屋。

【译文】

　　远眺恒山两侧横亘对立的峰岭，一路车马络绎不绝，穿山越岭前行，才察觉这是大同府去往倒马关、紫荆关的主道。沿着大路抵达山脚，两旁山石挺立，一条山涧贯穿其中，流过缝隙般山谷，空间小得看到无法通过了，河流盘曲，岩石参差不齐，一派幽深优美之景。伊阙的对立双峰，武彝山的九曲回旋，全都比不上这胜景。这时，清澈的溪涧还未涨水，可在溪水中逆流而上。不知何时，两边的石崖上被凿了深坑，有四五尺宽，一丈深，层层分布，我想可能是涨水时插木栈道用的，如今已弃用良久，唯有两根木头还悬挂着，是像栋梁一类的大块木料。转过三次弯，山谷愈发变窄，崖壁却渐渐变高。西壁的半腰处，一层层屋宇高悬，曲折的台榭斜靠着崖壁，看上去像海市蜃楼中层叠的楼宇，这便是悬空寺。五台山北边的沟壑中也有一座悬空寺，但没有此处的完善。抬头望着悬空寺，心神向往，于是我鼓足勇气独自登了上去。入寺之后，见楼台此起彼伏，有栏杆的路很是蜿蜒。崖壁矗立陡峭，真是天下奇观，再加上佛寺的衬托，使原本优美的景致更加完美。依壁而起的楼宇，未受崖石的约束，也就只有这个地方啊！僧房的位置排列次序适中，待客的房间和佛堂，窗户亮堂，床铺暖和，一丈多的屋子内，也尽显肃静舒雅。

　　十一日，风翳净尽，澄碧如洗。策杖登岳，面东而上，土冈浅阜，无攀跻劳。盖山自龙泉来，凡三重。惟龙泉一重峭削在内，而关以外反土脊平旷；五台一重虽崇峻，而骨石耸拔，俱在东底山一带出峪之处；其第三重自峡口入山而北，西极龙山之顶，东至恒岳之阳，亦皆藏锋敛锷^①，一临北面，则峰峰陡削，悉现岩岩本色。一里转北，山皆煤炭，不深凿即可得。又一里，则土石皆赤，有虬松离立道旁，亭曰望仙。又三里，则崖石渐起，松影筛阴，是名虎风口。于是石路萦回，始循崖乘峭而上。三里，有杰坊曰"朔方第一山"，内则官廨^②厨井俱备。坊右东向拾级上，崖半为寝^③宫，宫北为飞石窟，相传真定府^④恒山从此飞去。再上，则北岳殿也。上负绝壁，下临官廨，殿下云级插天，庑^⑤门上下，穹碑森立。从殿右上，有石窟倚而室之，曰会仙台。台中像群仙，环列无隙。余时欲跻危崖，登绝顶。还过岳殿东，望两崖断处，中垂草莽者千尺。为登顶间道，遂解衣攀蹑而登。二里，出危崖上，仰眺绝顶，犹杰然天半，而满山短树蒙密，槎枒^⑥枯竹，但能钩衣刺领，攀践辄断折，用力虽勤，若堕洪涛，汩汩不能出。余益鼓勇上，久之棘尽，始登其顶。时日色澄丽，俯瞰山北，崩崖乱坠，杂树密翳。是山土山无树，石山则有；北向俱石，故树皆在北。浑源州城一方，即在山麓，北瞰隔山一重，苍茫无际；南惟龙泉，西惟五台，青青与此作伍；近则龙山西亘，支峰东连，若比肩连袂^⑦，下扼沙漠者。

◀《溪山图》
（明）徐贲　收藏于美国克利夫兰艺术博物馆

【注释】

① 藏锋敛锷（è）：比喻不露锋芒。锷，剑刃。

② 官廨（xiè）：官署，官吏办公的房舍。

③ 寝（qǐn）宫：宫即庙，寝宫即寝庙。

④ 真定府：治真定（今河北正定）。传说最初北岳在今天的恒山，尧帝曾在那里建岳庙，且每年都来巡视。舜帝时，有一年行至今曲阳西北部，因大雪封山无法前进，忽有大石飞落，得知是从恒山飞来的，后来就把恒山迁到今天的曲阳，在那里另建了岳庙。

⑤ 庑（wǔ）：堂下周围的走廊、廊屋。

⑥ 槎桠（chá yā）：枝杈参差。

⑦ 连袂（mèi）：联袂，衣袖相连，比喻携手同行。

【译文】

十一日，风将云雾吹得四散而去，碧空如清。持杖登北岳，向东而去，山冈是些低矮的土丘，走起来并不费劲。山脉大致自龙泉关伸展而来，共三重。仅龙泉关这一重陡峭，位置在内，而龙泉关以外反而是平阔的土质山；五台山这一重，尽管高大险峻，耸拔的石块却位于东底山山谷的出口处；山脉的第三重，顺着峡口伸入山中，之后向北，西部终点是龙山山顶，东至恒山南侧，像藏起锋芒的剑一般，到了北侧，山峰愈发崎岖险峻。一里后向北走，有很多煤炭，无须深挖即可获得。又行一里，山体变成了红色，像龙一样盘桓的松树立于道旁，有一座名叫望仙的亭子。再行三里，崖壁渐次耸起，松树的影子像筛子般自上而下投射着，这里是虎风口。从这里开始，石头路弯弯曲曲，开始顺着崖壁盘桓而上。过了三里，一个牌坊映入眼帘，上面写着"朔方第一山"，坊内是官署，厨房水井等一应俱全。从牌坊右侧向东登石阶上行，半山上有座寝宫，北侧是飞石窟，相传河北真定府的恒山便是自此而去的。再往上走，是北岳殿。北岳殿上方背贴石壁，下方为官署，殿前的阶梯直插云海，两侧庑殿，中竖立着许多石碑。从北岳殿右侧过去，有个殿旁的石窟被修成了石室，叫会仙台。台中有众仙的金身，石室内因造像紧集而空间较小。与此同时，我计划攀危崖登临绝顶。返回时路过北岳殿东，眺望两山，开口处径伸千尺，百草丰茂，可由此处登顶，于是我褪去外衣，扯着杂草向上走去。二里后，已在险崖之上，仰望绝顶，发现它还在半空中，到处都是低矮浓密的树丛，枝桠枯竹，缠住衣衫，刺向颈部，只能拉扯或踩踏后才能撅断。尽管奋力攀行，却好似落入澎湃的浪花之中，沉没其中出不来。我鼓气前行，良久后才到达灌木地带，这才算登上绝顶。此时天色澄澈亮丽，俯瞰恒山北面，崩落的崖石杂乱地往下掉落，被纷杂浓密的草木遮盖着。在这里，土山无树，石山却有树；北侧皆石山，因此树木皆生长在北山。浑源州城就在山脚下，向北俯瞰隔着一座山，郁郁苍苍，无法探其边缘；唯有南侧龙泉关，西侧五台山，一派青青的山色与恒山为伴；近处便是西边的龙山，它的旁支向东延绵，好似在与那里的山并肩连袂，一起阻挡着下面的荒漠。

《纵情丘壑图》

（清）萧云从　收藏于美国洛杉矶郡艺术博物馆

自跋：数岁自放，唯纵情丘壑。或忆读书山馆，著屐云蹲，历险风涛，掩愁雨路。淋漓磅礴之间，未尝不与古人之驰驱是范。故牵连盈丈，如山阴道上，烟华自相映发，使人应接不暇。吾倩尊尼极为嘉赏，且以燕石鱼目作宝，亦可嗤也。

浙游日记

导　读

　　浙江是徐霞客多次游览之地。明崇祯九年（1636年），徐霞客已年届五十，他在杭州游览了宝石山、飞来峰及灵隐寺，并在富阳游洞山，于金华游北山，在兰溪游六洞山。

　　徐霞客的浙江之游，面广点深，次数颇多，时间跨度大，这段游程主要走水路，沿途风光秀丽，其中记载了浙江各地的风俗民情，人文气息浓厚。

　　十月初一日，晴爽殊甚，而西北风颇厉。余同静闻登宝石山巅。巨石堆架者为落星石。西峰突石尤屼嵲，南望湖光江影，北眺皋亭、德清诸山，东瞰杭城万灶，靡不历历①。下山五里，过岳王坟。十里至飞来峰，饭于市，即入峰下诸洞。大约其峰自枫木岭东来，屏列灵隐之前，至此峰尽骨露；石皆嵌空玲珑，骈列三洞；洞俱透漏穿错，不作深杳之状。昔黥于杨髡②之刊凿，今苦于游丐之喧污；而是时独诸丐寂然，山间石爽，毫无声闻之溷，若山洗其骨，而天洗其容者。余遍历其下，复各扪其巅。洞顶灵石攒空，怪树搏影，跨坐其上，不减群玉山头也。其峰昔属灵隐，今为张氏所有矣。下山涉涧，即为灵隐。有一老僧，拥衲默坐中台，仰受日精，久不一瞬。已入法轮殿，殿东新构罗汉殿，止得五百之半，其半尚待西构也。是日，独此寺丽妇两三群，接踵而至，流香转艳，与老僧之坐日忘空，同一奇遇矣。为徘徊久之。下午，由包园西登枫树岭，下至上天竺，出中、下二天竺。复循下天竺后，西循后山，得"三生石"，不特骨态嶙峋，而肤色亦清润。度其处，正灵隐面屏之南麓也，自此东尽飞来，独擅灵秀矣。自下天竺五里，出毛家步③渡湖，日色已落西山，抵昭庆昏黑矣。

【注释】

①　靡不历历：无不历历在目。

②　黥（qíng）：古代在脸上刺字涂墨的一种刑罚，后来也用在士兵身上，防其出逃。杨髡（kūn）：元代人杨琏

210

真加，曾被封为江淮诸路释教都总统永福大师，凭借元世祖对他的宠信，霸地掠民。髡，一种对和尚的鄙称。

③ 毛家步：即今茅家埠，在灵隐以东，西湖西岸。

【译文】

　　十月初一，天气异常晴朗，西北风吹得猛烈。我同静闻攀上宝石山的山顶，巨石堆砌的地方是落星石。西边山上突起的岩石尤为高峻，往南远眺，有湖光江影，往北可看到皋亭、德清的山峰，往东望杭州灯火通明，一目了然。下山行五里，途经岳王坟。再走十里后，到达飞来峰。在集市上用了饭，转而进入飞来峰下的洞穴游览。此山应是枫木岭向东延伸而来的，像屏风一般排布在灵隐寺前，山脉到这里停下，有暴露的如骨头样的石块；石块玲珑剔透，并布三洞；石洞交错相连，不甚幽邃。以前，这地方曾被杨秃驴凿刻毁坏，像脸上刺了黑字般，如今又为无家可归的乞人的噪声污染；只有在这个时候，乞人没了声响，山间的岩石很清朗，附近没有一点儿杂音，蓝天青山好像用水洗过一样。我走遍了飞来峰的各个地方，并且依次登顶。洞顶上奇异的岩石攒聚在空中，奇木怪树纷纷摇曳着身影，跨上峰顶坐在上面，一点不比西王母的群玉山头差。这座山峰从前属灵隐寺，如今归一个姓张的人。下山越过山涧，就到了灵隐寺。有一个老和尚裹着袈裟悄然坐在中间的台子上，抬头感沐日光精华，很久也不眨眼。我进入法轮殿，其东侧新盖了罗汉殿，五百罗汉只塑成了一半，等西殿完工再塑另一半。这天，两三群美丽的妇人来到此寺中，香艳流转，与见到老和尚坐浴阳光一样，都属巧遇。我在这里逗留了良久。午后，由包园西行上枫树岭，下山来到上天竺，又从中天竺和下天竺出来。后又沿着下天竺后方，在后山西行寻到了"三生石"，这块石头状貌嶙峋，颜色清丽润泽。我想这里正是灵隐寺对面如屏障一样的山峰的南角，从这里东去就是飞来峰的末端，其中的山石景色最为灵异秀美。从下天竺行进五里，过了毛家步后再过西湖，此时太阳已下山，返回昭庆寺时已夜幕降临。

西湖十景
选自《西湖佳景》彩绘本　（清）湖上扶摇子
描绘了著名的西湖佳景。

苏堤春晓

曲苑风荷

柳浪闻莺

花港观鱼

南屏晚钟

平湖秋月

双峰插云

三潭印月

雷峰夕照

断桥残雪

《西湖图》

（南宋）李嵩　收藏于上海博物馆

画卷中绘有西湖延绵的山峦、苏堤、雷峰塔、孤山、断桥等景致。宋代苏轼曾作《饮湖上初晴后雨二首》其二："水光潋滟晴方好，山色空蒙雨亦奇。欲把西湖比西子，淡妆浓抹总相宜。"

　　自罗店东北五里，得智者寺。寺在芙蓉峰之西，乃北山南麓之首刹①也，今已凋落。而殿中犹有一碑，乃宋陆务观②为智者大师重建兹寺所撰，而字即其手书。碑阴又镌务观与智者手牍数篇。碑楷牍行，俱有风致，恨无拓工，不能得一通为快。寺东又有芙蓉庵，有路可登芙蓉峰。余以峰虽尖圆，高不及北山之半，遂舍之。仍由智者寺西北登岭，升陟峰坞，五里得清景庵。庵僧道修留饭，复引余由北坞登杨家山。山为北山南下之第二层，再下则芙蓉为第三层矣。绕其西，从两山夹中北透而上，东为杨家山，有居民数十家；西为白望山，为仙人望白鹿处。约共七里，则北山上倚于后，杨家山排列于前，中开平坞，巨石铺突，有因累级为台者，种竹列舍，为朱开府之山庄也。朱名大典。其东北石累累愈多，大者如狮象，小者如鹿豕，俱蹲伏平莽中，是为石浪，即初平叱石成羊处③，岂今复化为石耶？石上即为鹿田寺，寺以玉女驱鹿耕田得名。殿前有石形似者，名驯鹿石。

【注释】

① 刹（chà）：梵语"刹多罗"的简称，指寺庙佛塔。

② 陆务观：即陆游，字务观，号放翁，越州山阴（今浙江绍兴）人。南宋文学家、史学家、爱国诗人。存诗九千多首，是中国现今存诗最多的诗人。

③ "即初平"句：相传兰溪人黄初平，十五岁上山放羊，被道士引至金华山石室中，四十多年不曾回家。其兄初

起去寻他，问："羊在哪？"初平答："近在山东。"
只见白石累累。初平叱（chì）喊："羊起！"石皆变成
羊群，这就是"叱石成羊"的传说。因此，凡形如羊的
石头俗称"叱石"。

【译文】

由罗店向东北行进五里，来到智者寺。寺院位于芙蓉峰
的西侧，曾是北山南麓最重要的佛寺，如今已经萧条败落。
不过殿内还存一碑，碑上刻有宋代陆游为智者大师重修此寺
所亲题的碑记。石碑背面还刻着陆游与智者大师的书信。碑
文字体为楷书，书信为行书，都很有风骨和韵味，可惜此时
找不到工匠拓印，无法拓得一幅碑帖来了心愿。智者寺东边
还有一座芙蓉庵，那里有路通往芙蓉峰。我觉得芙蓉峰虽然
尖而圆，可高度却没有北山的一半高，于是放弃了攀登。依
然从智者寺向西北登上山岭，踏上峰顶，路过山坳，五里后
到达清景庵。道修僧人留我们用斋，并带领我们从北面的山
坞抵达杨家山。杨家山是北山南伸的第二重山脉，其下为芙
蓉峰，为第三重。绕至杨家山的西侧，从两山间向北穿插而
上，东为杨家山，有数十户人家；西为白望山，传说为仙人
望鹿之地。大约走了七里，只见北山斜立后方，杨家山在前
方，中央是平整的坳地。山坳中布满耸立的巨石，有人以巨
石垒砌台阶开辟为平台，在上面种竹林盖房舍，此处是朱开
府（朱大典）的庄园。庄园东北角堆放了很多巨石，大点的
像狮子、大象，小点的仿佛鹿和猪，都卧在草丛里，就形成
了石浪，也就是传说中魏晋时黄初平"叱石成羊"的地方，
莫非如今的羊群又幻化为石了吗？此地上方为鹿田寺，传说
是因仙女在此驯鹿种田而得名。殿前有一块恍若小鹿的石头，
名为驯鹿石。

陆游像

选自《古圣贤像传略·十六卷》清刊本
（清）顾沅\辑录，（清）孔莲卿\绘

陆游，字务观，号放翁，南宋文学家、诗人。陆游在宋孝宗时期考取进士，自此入仕，因生逢乱世，所以他的诗句多含深沉的爱国之情，最为著名的是他的绝笔诗《示儿》："死去元知万事空，但悲不见九州同。王师北定中原日，家祭无忘告乃翁。"

▶《晴峦萧寺图》（右二）
（北宋）李成　收藏于美国纳尔逊－阿特金斯艺术博物馆

▶《叱石成羊图》（右一）
（清）任预　收藏于南京博物院

《山水图》
（明）唐寅　收藏于美国印第安纳波利斯艺术博物馆

咤石成羊曾見老蓮
居古有此畫漫橅一遍立任戲

江右游日记

导 读

　　"江右"一般指江西，因此"江右游"即"江西游"。明崇祯九年（1636年）十月十七日至崇祯十年（1637年）正月初十日，徐霞客经江西入湖南，他游历了叫岩、龟峰、会仙峰、军峰山、武功山等多处名山胜景。

　　在《江右游日记》中，他对天然景物的描述颇多，除了将所见所感尽数记录外，他还运用多重手法来描绘所见之景，能充分调动读者阅读兴趣。

  盖正南而独高者为寨顶，顶又有石如鹦嘴，又名鹦嘴峰，今又名为老人峰。上特出一圆顶，从下望之，如老僧南向，袈裟宛然，名为"老人"者以此。上振衣台平视，则其峰渐分为二；由双剑下窥，则顶若一叶缀起。其北下之脊，一起而为罗汉，再起而为鹦哥，三起而为净瓶，为北下最高脊，四起而为观音，亦峭。此为中支，北与展旗为对者也，楠木殿因之。从南顶而西，最峭削者为龟峰、双剑峰。龟峰三石攒起，兀立峰头，与双剑并列，而高顶有叠石，如龟三叠，为一山之主名。峰下裂隙分南北者为一线天，东西者为摩尼①洞，其后即为四声谷。从其侧一呼，则声传宛转凡四，盖以峰东水帘谷石崖回环其上故也。峰东最高者即寨顶，西之最近者为含龟峰，其下即寨顶、含龟分脊处，而龟峰、双剑峭插于上，为含龟所掩，故其隙或显或合；合则并成一障，时亦陡露空明，昨遂疑为白云耳。

【注释】

① 摩尼：梵语音译，珍珠、宝珠。《梵琦语录》卷十八《明真颂》："我有摩尼一颗，埋在五蕴身田，昨向泥中取出，光明照烛无边。"

【译文】

  正南方高出其他山脉的便是寨顶，因它的顶上有一块像鹦鹉嘴的岩石，因此称为鹦鹉峰，现在又叫老人峰。峰顶上单独露出的圆顶，自下而上看，仿佛一位面朝南方的老僧，

《搜尽奇峰打草稿图》

（清）石涛　收藏于北京故官博物院

　　石涛用隶书题写"搜尽奇峰打草稿"作为引首，他善用点，常以细笔勾勒，并反复点擦渲染，层层的笔触叠压却不会显得凌乱厚重，整幅画苍莽凝重，饱含深意。

身上的袈裟像是真的一样，这就是给它取名为"老人峰"的原因。登上振衣台平看过去，山峰被分为两座；自双剑峰向下看，圆顶好像叶子连缀而起。寨顶北延而去的山脊，看到的第一座山峰是罗汉峰，接着看到的是鹦哥峰，第三座是净瓶峰，它是北向延伸山岭中的最高处，第四座是观音峰，很是陡峭。这是中间的支脉，与北边的展旗峰相对而立，楠木殿便在这条山脉上。从南边的寨顶向西看去，最为巍峨的山峰是龟峰和双剑峰。龟峰上三块岩石簇拥着一同耸起，立于山头，与双剑峰并列，而高耸的峰顶上有交错的巨石，好像三只叠错在一起的乌龟，所以"龟峰"便成了整座山的主要的名字。龟峰下呈南北向分开的裂缝是一线天，而东西分裂的缝隙是摩尼洞，洞后为四声谷。在四声谷的一侧叫喊，就会有四次回声，可能是水帘谷崖壁转折回旋于其上的缘故吧。龟峰东侧最高处是寨顶，西侧近邻含龟峰，含龟峰下方为寨顶、含龟峰的分离处，龟峰、双剑峰笔直而立，被含龟峰遮挡，因此龟峰的缝隙有时显露，有时闭合；合则并成屏障，有时却忽而分开露出天空的光亮，昨天还怀疑那块是云彩。

　　余曳杖披棘而入，直抵围屏峰、城垛峰之下，仰视"饿虎赶羊"诸石，何酷肖也。使芟夷深莽，叠级置梯，必有灵关再辟，奥胜莫殚①者。惜石乱棘深，无能再入。出，循狮子峰之北，逾岭南转，所谓轿顶、象牙诸峰，从其外西向视之，又俱夹叠而起。中悬一峰，恍若卓笔，有咄咄②书空之状，名之曰卓笔峰，不虚也，不经此不见也。峰之下俱石冈高亘。其东又有石峰一枝，自寨顶环而北，西与轿顶、象牙诸峰，又环成一谷。余从石冈直南披其底，复以石乱棘深而出。因西逾象牙、狮子之间，其脊欹削③，几无容足，回瞰内谷，真别有天地矣。此东外谷之第一层也。

【注释】

①　莫殚（dān）：不尽。殚，竭尽。

②　咄咄：表示惊诧的叹词。

③　欹削（qī xuē）：倾斜陡峭。

【译文】

　　我拖着手杖拨开荆棘，深入东边的山谷，一直抵达围屏峰、城垛峰之下，抬起头看"饿虎赶羊"等一块块的岩石，真是像极了呀！如果铲掉久积的荒草，一级级垒砌石阶，再搭上梯子，必定会有像灵关的地方再次得到开发，潜藏的美景一定会层出不穷。可惜石块杂乱，荆棘深密，没法再深入了。走出山谷，沿着狮子峰的北侧越岭向南，向西远望，轿顶峰、象牙峰等全都交叠对立地竖起。中央悬起一座山，犹如一根直挺的笔杆，像是气势汹汹在天空中书写，"卓笔峰"果然名不虚传，但不经此处是看不见它的。卓笔峰下面都是石冈，高高地横亘着。东侧是一列石峰，向北盘旋，与西边的轿顶、象牙等峰又形成一个回环的山谷。我从石冈间向南来到石峰脚下，却因石杂棘深而放弃了这条路线。于是我往西穿越象牙峰、狮子峰的山脊，这里倾斜陡峭，根本无法驻足，从这里回头看向里面的山谷，却是别有洞天。这是东外谷的第一层。

▲《云峰远眺图》
（南宋）佚名　收藏于北京故宫博物院

◀《箕山高隐图》轴
（明）戴进　收藏于美国克利夫兰艺术博物馆

楚游日记

　　湖广地区（今湖北、湖南）在周以后称"楚地"，但此处的"楚游"实则是指"湖南游"。明崇祯十年（1637年）正月十一日至四月初七，徐霞客经湖南进入广西，在此期间他游历了南岳衡山，也了了游遍五岳的心愿。

　　在这篇游记中，徐霞客对今湖南东南部的山脉河流、岩溶地貌、风土习俗、名胜古迹等，都作了丰富的描述。值得一提的是，他对丹霞地貌的描写无论大景、小景，都观察入微，描述生动真实，令人回味无穷。

其时本峰雾气全消，山之南东二面，历历可睹，而北西二面，犹半为霾掩。鄙江自东南，黄雩江自西北，盘曲甚远。始知云阳之峰，俱自西南走东北，排叠数重：紫云，其北面第一重也；青莲庵之后，余所由跻者，第二重也；云阳仙，第三重也；老君岩在其上，是为绝顶，所谓七十一峰之主也。云峰在南，余所登峰在北，两峰横列，脉从云阳仙之下度坳而起，峙为余所登第二重之顶，东走而下，由青莲庵而东，结为茶陵州治。余既登第二重绝顶，径路迷绝，西南望云峰绝顶，中隔一坳，而绝顶尚霾夙雾中。俯瞰过脊处，在峰下里许。其上隔山竹树一壑，两乳回环掩映，若天开洞府，即云阳仙无疑也。虽无路，亟直坠而下，度脊而上，共二里，逾一小坳，入云阳仙。其庵北向，登顶之路由左，上五里而至老君岩；下山之路由右，三里而至赤松坛。庵后有大石飞累，驾空透隙，竹树悬缀，极为倩叠①。石间有止水一泓，澄碧迥异，名曰五雷池，雩祝甚灵。层岩上突，无可攀跻，其上则黑雾密翳矣。盖第二重之顶，当风无②树，故冰止随枝堆积。而庵中山环峰夹，竹树蒙茸，萦雾成冰，玲珑满树，如琼花瑶谷，朔风摇之，如步摇玉佩，声叶金石。偶振坠地，如玉山之颓，有积高二三尺者，途为之阻。

【注释】

① 倩叠：形容相当美好。倩，美好。

② 无：原作为"无"字的繁体写法"無"，疑为"舞"，或因形近而误。

【译文】

此时我所在的山上雾气全消，山南山东两个方向的景物历历在目，但北、西两个方向，仍有一半被云雾遮住了。酃（líng）江从东南方流淌而来，黄雩（yú）江从西北方流淌而来，回绕迂曲且很远。这才看清云阳山的山峰，都是西南至东北走向的，交错着排列成几重：紫云山，为云阳山北边的第一层；青莲庵的后山，就是我借之登到这里的那座山，是第二层；云阳仙所属的山峰，是第三层；老君岩在云阳仙之上，是最高峰，也是所谓的"七十一峰"的主山峰。云峰在南边，而我所攀爬的山峰在北边，两座山峰横排，山脉从云阳仙下面延伸过坳地后挺起，是我所登二重山的最高峰，之后向东延伸下去，从青莲庵继续向东延伸，盘桓为茶陵州的州城。我踏入第二重山的最高峰后，道路茫茫然断开了，往西南方看去是云峰的最高处，当中隔着坳地，而云峰的最高处被早晨的雾气笼罩着。朝下看山脊延伸而过的地方，在山下一里处。山脊上隔着一座山还有一个布满竹林和树木的壑谷，两侧山形似双乳，盘绕映衬，俨然一座天然洞府，不用怀疑，那便是云阳仙了。虽然没有路，也急于往下坠，翻过山脊上行，走了二里后越过一个小小的坳地，来到云阳仙。这座寺庵朝北，登顶的路从寺庵左行，登五里便到了老君岩；下去的路在寺庵的右面，走了三里后到达赤松坛。寺庵后有块巨石高悬于空中，中间露出裂缝，竹子和树木挂在巨石上，显得极为优美。堆叠的岩石间有一汪静止的潭水，十分澄澈，名为五雷池，听说旱季在此求雨十分灵验。岩石一层层向上突起，没地方能攀爬，岩石的上方则被浓浓的雾气挡住。可能是因为第二重的山顶上，林木迎风起舞，因此冰只是依附着枝杈堆集。寺庵被山峰相夹环绕，竹林树木十分繁盛，云雾萦绕凝华成冰，玲珑剔透地挂满树枝，好似琼花瑶谷一般，北风吹动枝丫，很像女性佩戴的步摇和玉佩碰撞而发出的清脆声响。冰被震落到地上，就好像玉石山塌落一般，有些地方堆集的冰已经有两三尺厚，道路都被堵住了。

《南岳全图》

（清）佚名　收藏于英国大英图书馆

这附画卷绘制了南岳衡山七十二峰，从岳麓峰开始，直至回雁峰结尾，分布在衡阳、衡东、长沙、湘潭等多地，范围极广。清代李祀柳作《七十二峰歌》："天台天柱耸天堂，回雁云居最喜阳。双石白云蒸碧岫，瑰霄惠日放祥光。烟霞安上香炉表，屏障永参石禀旁。岳麓日华亭秀丽，石囷云密岁丰穰。莲花一朵观音坐，金简双持赤帝庄。会善好游灵药径，降真酣醉晓霞浆。仙岩崩岁文殊刹，朝日芙蓉九女妆。珍宿永和明月皎，红花瑞应碧萝香。快驰白马追狮子，须识灵禽即凤凰。雷祖采霞白石罉，耆阇掷钵碧云乡。朱明华盖遮巾紫，灵应弥陀驾鹤黄。岣嵝碑边潜圣迹，紫云院里集贤良。云龙吐雾青岑失，翠鹫栖真紫盖张。绝妙高峰云隐隐，会仙捷步祝融冈。"

　　十六日，南行一里，登东岭，即从岭上西行。岭头多漩窝成潭，如釜①之仰，釜底俱有穴直下为井，深或不见其底，是为九十九井。山下皆石骨崆峒，上透一窍，辄水捣成井。井虽枯窨无水，然亦以九十九奇也。又西一里，西南谷中，四山环绕，亦成仰釜，釜底有洞，洞东西皆秦人洞也。灌莽中直下二里，至其处。洞由西洞出，东洞入，洞横界釜中，东西长半里，中流先捣入一穴，旋透穴东出，即自石峡中行。峡南北俱石崖壁立，夹成横槽；水由槽中抵东洞，南向倒入洞口。洞有两门，北向，水先分入小门，透峡下倾，人不能从，稍东南入大门者，从众石中漫流，势较平；但洞内水汇成潭，深浸洞两崖，旁无余隙可入。循崖则路断，涉水则苦无浮槎②。惟小门水，入峡后亦旁通大洞，流可揭厉而入③。其隙宛转分彻如轩楞别启，返瞩倒入之势，甚奇。西洞洞门东穹，按东高少杀；水由洞后东向出，亦较浅可涉。入洞五六丈，上嵌围顶，四围飞石驾空，两重如庋④悬阁，得二丈梯可度上。其下再入，水亦成潭，深并东洞，不能入。

【注释】

① 釜（fǔ）：古代的一种锅。

② 浮槎（chá）：木筏。

③ 揭（qì）：水浅处提起衣裤涉水。厉（lì）：水深处穿着衣服涉水。

④ 庋（guǐ）：放器物的架子。

【译文】

十六日，我朝南走了一里爬上了东岭，随后在岭中向西行。岭头上有许多旋涡状的深坑，像是仰放的大锅，锅底的洞向下打通形成了井，深不见底，此处名为"九十九井"。山下有很多石头，上边是个洞，被水冲捣成了井。这些井是干涸的，在这个山上随处可见，算得上是一处罕见的景致了。西行一里，看到西南方的沟谷中，众山围绕，水流旋绕下冲形成一个大山窝，也像个仰放的大锅，锅底有条溪流，溪涧东西两侧是秦人洞。从草丛中一直下行二里，来到那个大山窝。山窝里的溪流从西洞流出，又从东洞流入，它横隔在山窝的中间，由东到西长约半里，流到中途先捣入一个洞穴，之后马上穿过洞穴从东侧涌出，随即从石峡中流出。峡谷南北两侧都是挺立的崖壁，夹击形成横向的沟槽；水从沟槽中流到东面的洞口，再倒流到南面的洞口。东侧洞有两个洞口，大小不一，面朝北，水先分流流入小洞口内，穿过夹壁下注，人无法跟着水流进入。稍微向东再向南流进大洞口的水，是从大量石头中蹚过的水流，流速缓慢；洞内的水流积聚形成小潭，没过了洞两侧的崖石，四旁没有多余的缝隙可以让人进去。沿着崖壁走，发现道路中断了；想涉水而过，可水又太深，又没有竹筏。只有小洞口的水，流入崖壁后也一并流向大洞，那里的水位尚浅，能够提着衣裤涉水而过。那通往大洞的孔穴弯弯转转地穿透进去，像是另外开启的轩廊窗棂，从那里回头看水流倒入的姿态，也颇为奇妙。西侧洞的洞口朝东面突起，跟东侧洞的高峻相比稍显不足；水自洞后向东涌出，而且水位很浅，仍然可以提着衣裤涉水进去。走进洞内几丈后，见洞上方嵌着圆顶，周围的岩石凌空而起，壁上的第二重飞石，如同悬挂的楼阁，如果能有一个二丈长的梯子就能爬上去了。再往里去，水汇成潭，深度与东侧洞差不多，之后便再无法深入了。

《仿古山水画》册
（明）董其昌　收藏于北京故宫博物院
全册有八幅画，皆是董其昌模仿唐宋元绘画大家的小幅画作。

仿唐杨昇

董其昌题：唐杨昇峒关蒲雪图，见之明州朱定国少府，以张僧繇为师，只为没骨山，都不落墨。曾见日本画有无笔者，意亦唐法也。米元章谓王晋卿山水似补陀岩，以丹青染成。王洽正泼墨渖。多种法门皆李成、董源以前独善者。

仿卢鸿草堂笔

董其昌题：鸿乙草堂明皇尝令人就图之，鸿乙画入神品，与右丞伯仲。嵩山十志各有楚词。至宋时李伯时作图令诸名公书其诗，人各一景。秦少游、僧参寥、米元章皆与焉。余见之项氏者亦十体，不显名姓。谢时臣亦临一本，第得其位置耳。唐人用墨高简，意到而笔不到，所以妙绝。

仿惠崇

董其昌题：惠崇宋诗僧，建阳人也。在巨然之前，画学王维，精工妍丽如诗家。温、李辈《香奁集》生于情者。东坡、山谷为题其小景。余所见有京口陈氏江南惠卷及鄞朱定国所赠巨轴《早春图》。

仿李伯时山庄图

董其昌题：潇洒营丘水墨仙，浮空出没有无间。尔来一变风流尽，谁见将军设色山。无数青山落照边，遥知风雨不同川。此中有句无人认，道与襄阳孟浩然。二绝句皆东坡题画之什，深得画家三昧方能为，是语米老不如也。

仿倪元镇

董其昌题：倪迂画学冯觐。觐，《宣和画谱》所载宋宦官也。觐画世无传本。倪迂自题谓得荆关遗意，岂讳言觐耶？张伯两题云："能与米颠相伯仲，风流还只数倪迂。应将尔雅虫鱼笔，为写乔林怪石图。"最为迂叟吐气。大都倪高士之画学冯觐，如朱晦翁之书学曹孟德，皆不问其师承也。倪迂书学《黄庭内景经》《内景经》倪氏之物也。

仿梅花道人

董其昌题：今日遇武塘题吴仲圭故居，称梅花巷者。自号梅花和尚，实居士也。画学巨然，字学怀素，皆受和尚法，故云。仲圭与盛懋同巷对宇。人每指金帛诣盛求画，仲圭之家闻如也。家人以为谪，仲圭曰："待二十年后自有定论。"已而盛之身价果逊。至今三百年犹尔。辛酉三月廿三日识。

仿黄鹤山樵

董其昌题：元季四大家惟王叔明仕于国初，为泰安州倅。何元郎记有雪图作于齐郡者是也。倪云林题有笔精墨妙语，又云澄怀观道是宗少文也。又临池学书出王右军、王虞，笔力能扛鼎，五百年来无此君，推挹至矣。于北宋诸家无所不摹，尤善右丞法。

仿米元晖

董其昌题：米元晖潇湘图余得之项玄度，有宋人题跋甚夥。朱晦翁亦一再见。后有王宗常叙诸跋卷人出处之概，书品亦佳，沈石田自题七十五岁方得一观，以快生平，为米卷第一。图不作点，只用墨破凹凸之形，树木屋宇皆精工，都画勾云亦变体也。元晖凡再题数百字。

粤西游日记

　　广东、广西本是古百粤（百越）地，所以又别称粤东、粤西，合称"两粤"。因此，"粤西游"也就是"广西游"。《粤西游日记》共四篇，分别是明崇祯十年（1637 年）徐霞客游广西东北部、东南部、西南部、西北部后所写，此年闰四月初八，徐霞客从黄沙铺行至桂林府，从四月二十日起，到赴黔入滇之前，他在广西近一年，详细考察了桂林山水，还对石灰岩地貌的外形特征、成因及规律作了科学的解释和准确的描述，此外，他还对当地的风俗民情进行了考察和记录。

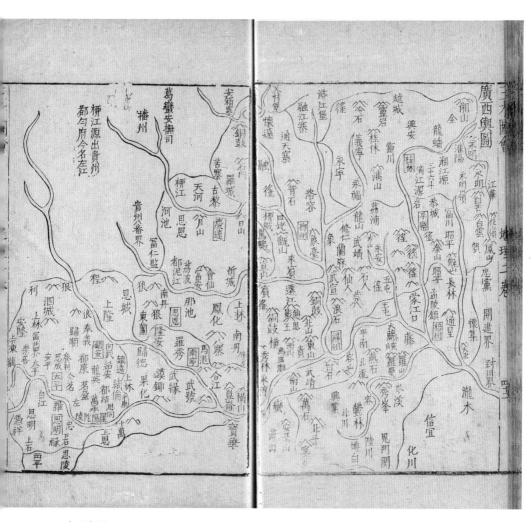

广西舆图

选自《三才图会》明刊本 （明）王圻，（明）王思义\撰

明代广西省下辖：桂林、平乐、柳州、浔州、梧州、广远、思恩、南宁、镇安、太平、思明。
广西属于岭南地区，文化遗址与自然风景众多，岩溶景观与水体景观更是独具特色。

门外有耸石立路右，名金刚石，上大书"白云洞天"。从此历磴而下，危峭逾于西路。西庵之名"快乐"，岂亦以路之坦耶！又四里，过显龙庵，庵北向。

东下里许，南望那叉山飞瀑悬空而坠。先从宝顶即窥见，至此始睹崇隆若九天也。又东下五里，左渡小溪，深竹中有寺寂然，则苦炼庵。庵南向，左右各一溪自后来绕，而右溪较大，桥横其上，水从西南山腋透壁下。从庵前东南渡桥南上岭，其地竹甚大，路始分东西岐。从西岐下，始见那叉瀑北挂层崖，苦炼溪亦透空悬壑，与那叉大小高下势相颉颃[1]。然苦炼近在对山，路沿之同下，朗朗[2]见其捣壑势；其下山环成城，瀑垂其中，出西壁，与那叉东大溪合而东南去。见西峡中又一瀑如线，透山而下，连泄九层，虽细而甚长。

【注释】

① 颉颃（xié háng）：原指鸟儿上下翻飞，此处引申为互相抗衡。

② 朗朗：清晰的样子。

【译文】

天门外高耸的岩石立在道路右侧，为金刚石，石上题有"白云洞天"四个大字。从这里沿着石阶朝下走，险峻的程度更甚于西边的路。西面的寺庵名为"快乐"，莫非也是由于道路平坦而得名的吗？复行四里，经过题龙庵，庵门朝北。

　　东下行约一里，望见南边那叉山的飞瀑悬泻而下。之前我从金宝顶就看到了，来到这里才看清它的高度，好似在九天之上。东下行五里，从左侧跨过溪流，竹林深处有座幽静的寺院，那是苦炼庵。庵门朝南，左右两边各有一条溪水从庵后绕过来，右边溪水水流大，需要架桥通行，溪水自西南而来，穿过石壁泻下。在庵前从东南方过桥，再向南登上山峰，这里的竹子很大，路也由此分为东西两岔。西侧岔路下行，见叉山的飞瀑挂于北崖之上，此时苦炼庵的水也悬挂于山体，大小高低与那叉山的飞瀑难分伯仲。但苦炼庵的溪水就在对面的山中，离得很近，道路与流水顺路而行，能清晰地领略到它冲捣山谷崖壁的气魄；瀑布下面的山体如同墙壁似的环绕着，瀑布水流下落时，从西侧崖流出，和叉山东侧溪流汇聚流向了东南方向。西侧山谷中又出现了一条丝线般的瀑布，它穿越山体直泻九层，水流虽细但却很长。

《溪山无尽图》（局部）
（明）徐贲　收藏于美国弗利尔美术馆

《溪山无尽图》
（明）徐贲 收藏于美国弗利尔美术馆

谿山無盡

雲東逸史婉燮

　　其峰在白面之西，高不及白面，而耸立如建标累塔，途人俱指读书岩在其半，竟望之而趋。及登岭北坳，望山下水反自北而南，其北皆山冈缭绕，疑无容留处，意水必出洞间。时锐于登山，第望高而趋，已而路断，攀崖挽棘而上。一里，透石崖之巅，心知已误，而贪于陟巅，反自快也。振衣出棘刺中，又扪崖直上，遂出其巅。东望白面，可与平揖；南揽巾子，如为对谈。久之，仍下北岭之坳，由棘中循崖南转，扪隙践块而上，得峰腰一洞，南向岈然，其内又西裂天窟，吐纳日月，荡漾云霞，以为读书之岩必此无疑；但其内平入三四丈，辄渐隘渐不容身，而其下路复蔽塞，心以为疑。出洞门，望洞左削崖万丈，插霄临渊，上有一石飞突垂空，极似一巨鼠飞空下腾，首背宛然，然无路可扪。遂下南麓。回眺巨鼠之下，其崖悬亘，古溜间驳①，疑读书岩尚当在彼，复强静闻缘旧路再登。至洞门，觅路无从，乃裂棘攀条，梯悬石而登，直至巨鼠崖之下。仰望崖下，又有二小鼠下垂，其巨鼠自下望之，睁目张牙，变成狞面，又如猫之腾空逐前二小鼠者。崖腰有一线微痕可以着足，而下仍峭壁。又东有巨擘一双作接引状，手背拇指，分合都辨。至其处，山腰痕绝不可前。乃从旧路下至南麓，夸耕者已得读书岩之胜。耕者云："岩尚在岭坳之西，当从岭西下，不当从岭东上也。"乃从麓西溯涧而北，则前所涉溪果从洞中出，而非从洞来者。望读书岩在水洞上，急登之。其洞西向，高而不广，其内垂柱擎盖，骈②笋悬莲，分门列户，颇幻而巧。三丈之内，即转而北下，坠深墨黑，不可俯视，岂与下水洞通耶？洞内左壁，有宋人马姓为秦景光大书"读书岩"三隶字。其下又有一洞，门张而中浅，又非出水者。水从读书岩下石穴涌出，水与口平，第见急流涌溪，不见洞门也。

【注释】

① 古溜间驳：水迹陈旧斑驳。

② 骈（pián）：两物并列。

【译文】

　　这座山峰位于白面山的西侧，不及白面山高，屹立着好似挂起的标杆和重叠的塔，行人告诉我读书岩在半山腰，望着它我想快些赶过去。登上山北面的坳地，可以看到山下的水是自北向南流的，北边山冈环绕，担心这里没有水的容留之所，估计水是从洞里流出的。那个时候一心只想爬山，便一边看着高处一边着急赶路，可没多久就没路了，于是抓着荆棘草木继续攀爬崖壁。行一里路，到了石崖的顶上，明知早已走错路，但出于马上登顶的贪欲，反而觉得心里更加畅快了。从荆棘丛里走出来，抖抖衣衫，扶着石崖继续向上，终于登上峰顶。向东平视白面山，已经能够跟它平对作揖；南观巾子岭，像是可以面对面交流。良久之后，依旧回到北面的山坳，从荆棘丛里顺着山崖往南走，抠着石缝踩着石块往上爬，在半山腰发现了一个洞，洞口朝南，异常幽深，洞西侧裂出了一个窟窿，天空由此显现，吐纳日月，荡漾云霞，我几乎可以肯定读书岩就在此处了；可是走进洞后仅有三四丈平缓的路，随后又变得狭窄，渐渐容不下身子，并且下面的路也被阻挡住了，心中满是狐疑。出洞口后，只见洞左侧是险峻的万丈崖壁，上入云霄，下临深渊。上面有一块突出

《千岩万壑》卷

（唐）王维　收藏于中国台北故宫博物院

自跋：昔年曾拈此题。绘为小幅。未尽其致。今岁居辋川与裴子商确。敷为长卷。少足以当吾心耳。
开元二十四年（736年）太原王维制。

的石头，挂在半空中，很像一只一跃而下的大老鼠，头部和背部的形态异常逼真，可是没有路可以过去，于是便下到南面的山脚。回头望向"巨鼠"，下面的山石横空直挂，石头上的水迹也显得陈旧斑驳，还是觉得读书岩可能就在那里，于是又强行让静闻僧人同我原路返回再次攀登。在洞里，根本找不到路，便扒开荆棘，抓着枝杈，踩着悬石向上爬，一直来到"巨鼠"悬崖的下面。望向悬崖下，又看到两块貌似小老鼠的岩石下垂着，"巨鼠"看向小老鼠，龇牙怒目，面目狰狞，又好似猫在半空中追逐着两只小老鼠。半山腰有一处如线般的裂痕可以落脚，而它的下面仍然是险峻的崖壁。东边有一块岩石，像一双巨手在指路的样子，手背和大拇指开拢的手势清晰可辨。到了那里，半腰的裂痕断开了，无法继续前行。于是原路返回南侧山脚，跟耕田的农户说自己寻到了读书岩。农户却说："读书岩是在山坳的西侧，你应该从岭西下行，而不是岭东上行。"于是从山基往西逆着山涧北行，发现之前渡过的溪流果真是从洞里流出来的，而不是山涧的水。远远看到读书岩在水洞的上面，于是赶紧登洞。这个山洞面朝西，洞很高但并不宽，洞里垂下的石柱像高高擎起的伞盖，并笋垂莲，分门别类，异常奇巧。三丈以内，北转而下，下面漆黑一片，不能俯视，难道这里与山下的水洞是相连的吗？左面的洞壁上，有位马姓宋朝人士为秦景光用隶书写了"读书岩"三字。字的下方有个洞穴，洞口很大，洞内很浅，没有水流。水都是由读书岩下的洞穴里流出来，溢出的水与洞口持平，只能看到湍急的水流奔汇入溪，却看不到它的洞口。

▶《春耕图》
（明）戴进　收藏于浙江省博物馆

黔游日记

　　《黔游日记》共两篇，分别是明崇祯十一年（1638 年）徐霞客游历贵州省盘江及贵州省西部后所写。徐霞客途经盘江桥、贵州、亦字孔驿，中途还游历了三明洞、观音洞、碧云洞、丹霞山等风景名胜。游记从不同角度描绘了贵州山水的壮丽，也记载了一些神话传说和文物古迹。同时，也展示了贵州的历史文化特点。

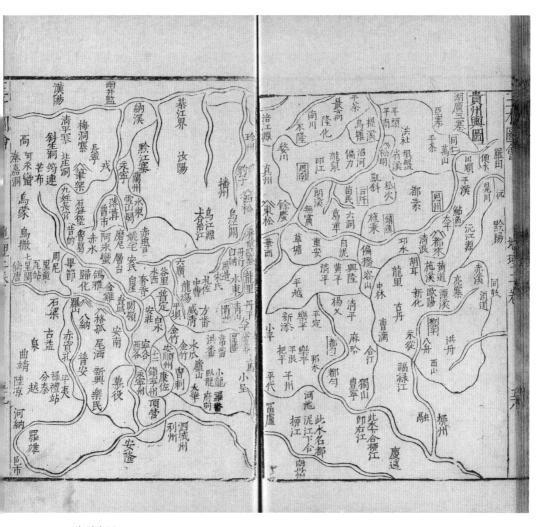

贵州舆图

选自《三才图会》明刊本 （明）王圻，（明）王思义\撰

"贵州"之名，始于宋代。明代将贵州省分为都匀府、程番府、思州府、思南府、镇远府、铜仁府、黎平府、石阡府六府，威清卫、平坝卫、毕节卫、赤水卫四卫，大平伐长官司、小平伐长官司、新添长官司、把平寨长官司、丹行长官、丹平长官司六直隶县级土司。

　　其①东界有山，南自乐民所分支而北，当丹霞山南十里。西界屏列高山横出一支，东与东界连属，合并而北，夭矫丛沓，西突而起者，结为丹霞山；东北耸突而去者，渐东走而为兔场营方顶之山，而又东北度为安南卫脉。其横属之支，在丹霞山南十里者，其下有洞，曰山岚洞，其门北向。水从洞中出，北流为大溪，经丹霞山之西大水塘坞中，又北过赵官屯，又东转而与南板桥②之水合。由洞门溯其水入，南行洞腹者半里，其洞划然上透，中汇巨塘，深不可测。土人避寇，以舟渡水而进，其中另辟天地，可容千人。而丹霞则特拔众山之上，石峰峭立，东北惟八纳山与之齐抗。八纳以危拥为雄，此峰以峭拔擅秀。

【注释】

① 其：这里指普安州，为明代始置。

② 南板桥：即今"板桥"，与山岚洞、大水塘、赵官屯皆在盘县南境，从南往北沿风洞河排成一线。

【译文】

　　普安州的东境有一条山脉，南边自乐民的支脉向北延伸，在丹霞山南侧十里的地方。西境有一列如屏障般分布的山峰横向延伸出一条旁支，向东与东境内的山脉相接，合并后朝北伸展，蜿蜒重叠，向西耸起，结成了丹霞山；向东北耸立前突，且逐步朝东延伸成为兔场营的方顶山峰，又向东北方向延伸后，成了安南卫的山脉。那一排横向连接的山脉属于它的旁支，在丹霞山南边十里的地方，下面有一个山洞，是山岚洞，洞口朝北。泉水从这个洞内往外流，向北奔去成了比较大的溪流，溪流途经丹霞山西侧的水塘，又向北流去途经赵官屯，继而转向东与南板桥下的水汇到了一起。从洞口逆着水流走到洞内，往南在山洞里走上半里，洞顶上忽然露出大片天空，洞里的水汇聚成了大池塘，水太深了无法估测它的深度。当地土著为了匿避盗匪，常乘小船进去，洞中别有天地，可以盛下上千人。丹霞山屹立于群山之上，石块巍峨挺立，在东北方仅有八纳山能够和它齐平抗衡。八纳山凭其危峰独自称雄，借其高耸卓立艳压群芳。

《苗族生活图》清彩绘本（局部）
佚名

《苗族生活图》清彩绘本（部分）

佚名

此图册共计四十幅，其中记录了苗族人民的生产生活及娱乐习俗等。

苗族在唐宋以前，有"三苗""五陵蛮""荆蛮""南蛮"等称谓，宋以后"苗"称为"苗族"。有关苗族先民的记录，很早就出现于中国古籍中，最早关于苗族的传说是在上古蚩尤时期。商周时期，苗族建立"三苗国"，以种植水稻为生，曾有多次迁徙，最后移至贵州、云南地区。

　　由其^①西横岭西度，一里，望三一溪北来，有崖当其南，知洞在是矣。遂下，则洞门北向迎溪，前有巨石坊，题曰"碧云洞天"，始知是洞之名碧云也。土人以此为水洞，以其上有佛者为干洞。洞前一巨石界立门中，门分为二，路由东下，水由西入。入洞之中，则扩然无间，水循洞西，路循洞东，分道同趋，南向十余丈，渐昏黑矣。忽转而东，水循洞北，路循洞南，其东遂穿然大辟，遥望其内，光影陆离，波响腾沸，而行处犹暗暗也。盖其洞可入处已分三层：其外入之门为一层，则明而较低；其内辟之奥为一层，则明而弥峻；当内外转接处为一层，则暗而中坼，稍束如门，高穹如桥，耸豁不如内层，低垂不如外层，而独界其中，内外回眺，双明炯然。然从暗中仰瞩其顶，又有一圆穴上透，其上亦光明开辟，若楼阁中函，恨无由腾空而上也。东行暗中者五六丈而出，则堂户宏崇^②，若阿房、未央^③，四围既拓，而峻发弥甚；水从东南隅下捣奥穴而去，光从西北隅上透空明而入；其内突水之石，皆如踞狮泛凫^④，附壁之崖，俱作垂旗矗柱。盖内奥之四隅，西南为转入之桥门，西北为上透之明穴，东南为入水之深窍；而独东北回环迥邃，深处亦有穴高悬，其前有窨窟下坠，黑暗莫窥其底，其上有侧石环之，若井栏然，岂造物者恐人暗中失足耶？由窟左循崖而南，有一石脊，自洞顶附壁直垂而下，痕隆起壁间者仅五六寸，而鳞甲宛然，或巨或细，是为悬龙脊，俨有神物浮动之势。其下西临流侧，石畦^⑤每每，是为十八龙田。由窟右循崖而东，有一石痕，亦自洞顶附壁直垂而下，细纹薄影，是为蛇退皮，果若遗蜕粘附之形。其西攀隙而上，则明窗所悬也。其窗高悬二十丈，峻壁峭立，而多侧痕错锷。缘之上跻，则其门扩然，亦北向而出，纵横各三丈余，外临危坡，上倚峭壁，即在水洞之东，但上下悬绝耳。门内正对矗立之柱，柱之西南，即桥门中透之上层也。

【注释】

① 其：指普安卫的演武场。

② 宏崇：宏伟高大。

③ 阿房（ē páng）：秦宫名，在渭水南岸，今西安市西郊赵家堡和大古村西南方向。未央：汉宫名，在今西安市西北郊的汉城乡西南方向。二宫规模极其宏伟，有遗址留世。

④ 凫（fú）：水鸟，俗称"野鸭"，似鸭，常群游湖泊中，能飞。

⑤ 畦（qí）：田块。

【译文】

从演武场的西侧向西边攀越，走过一里路，看到三一溪从北边流淌而来，溪水南侧有一座石崖，那里就是心知洞了。因此往下走，看到心知洞洞口朝北，面朝溪水，洞口处立着一块很大的石牌坊，上面写有"碧云洞天"几个字，因而知晓了它叫"碧云洞"。本地居民叫它水洞，并把上方有佛像的洞叫作干洞。在洞口前侧的中央有一块巨大的岩石，它将洞口分成了两块，从东侧的洞口可以下行，水则经西侧的洞口流入。走进山洞，洞内空旷辽阔毫无阻碍，水沿山洞的西边流动，沿着山洞的东边行走，即使到了岔路也是沿同一方向走，向南行十多丈后，慢慢变得昏暗。蓦地向东一转，水就向洞的北方向流去，而路则在洞的南边，洞内东侧突然隆起变得很宽敞，远远看去，光影斑驳，水流鼎沸，只是路面却还是黑漆漆的。这个洞从能进入的地方开始分成了三段：
从洞外到洞口是第一段，亮堂但低矮；洞内宽阔深邃的地方
是第二段，敞亮也愈发高峻；内外交接处是第三段，幽暗且
中间开裂，看起来比较紧凑的地方好似一个门洞，而高隆的
地方就像桥洞，此处虽然高阔却比不上内层，低垂之地又比
不上外层，独自处在中段，从内外两层回看这里，也都有光
亮。不过，从暗处仰头观察洞顶，有一圆穴向上延伸上去，
里边也是明阔的，若是这里有楼宇的话，简直是要凌空飞起
了。摸黑往东行走了五六丈就出来了，堂户宏大，仿若阿房
宫、未央宫，周围已然开阔，高峻的地方也越加高峻；水流
从东南角直冲洞穴深处，光线从西北角凌空洒下；水面上露
出的石块，好似蹲卧在此的狮子、野鸭，壁上的石头，都像
下落的旗帜、立柱。我猜想洞内四角中，西南边是转入的桥
门，西北边是透光的穴口，东南边有水的穴口，只有东北边
显得十分深幽，并且延伸到里边往上看也有穴口。它前边有
个干枯的窟窿深陷下去，暗不见底，窟窿上有侧立的岩石环

绕着它，好像井栏一样。难道是造物主担心人在黑暗中失足掉下去吗？从窟窿向左顺着石崖向南走去，有一石脊，由洞的顶部垂到洞壁，有五六寸在石壁上凸起，似麟似甲，有的宽大有的微小，此为悬龙脊，好似有飞龙跃动的气势。顺眼向下，西面水边的侧面有一大块好似田地的石面，这便是十八龙田。自窟窿向右顺石崖向东，便见石痕，同样是顺洞壁垂落下去，鳞甲似的纹路精细小巧，薄薄的纹影好似蛇蜕皮后又将蛇皮黏附在洞壁上的感觉。攀附西边裂缝向上，便到了有明亮天窗的地方，这个天窗高挂在二十丈高的地方，洞壁伟岸峻拔，而侧面有很多好似刀剑的刃口状石痕交错其中。顺着石痕继续向上攀爬，见洞口豁然开朗，同样向北而去，纵横各约三丈多，而外侧下接陡坡，上接悬壁，它就处于水洞东面，但是上下却没有路可通行。洞内有许多高耸挺拔的石柱，柱的西南侧，则是石桥通到上面一层的地方。

《阿房宫图》卷（局部）

（宋）赵伯驹 收藏于爱尔兰都柏林切斯特比替图书馆

阿房宫是秦代建造的宫殿建筑群，有"天下第一宫"之称，其建造工程浩大，直至秦始皇去世尚未建成。宋敏求在《长安志》中写道："秦阿房一名阿城，在长安县西二十里。西、北、（东）三面有墙，南面无墙，周五里一百四十步。崇八尺，上阔四尺五寸，下阔一丈五尺，今悉为民田。"

滇游日记

　　《滇游日记》有多篇，为明崇祯十一年（1638 年）至崇祯十二年（1639 年）徐霞客游历云南一带所写。因篇幅所限，本书节选了《滇游日记（一）》的部分内容。

　　在昆明时，徐霞客畅游太华山，写成《游太华山记》，该游记也是记西山胜景最全面的名篇。七月的最后一天，他游颜洞，写就《游颜洞记》。这篇游记不但描述了颜洞的奇美，也体现了徐霞客无惧险阻的精神，时至今日，很多人仍无法亲履其境。

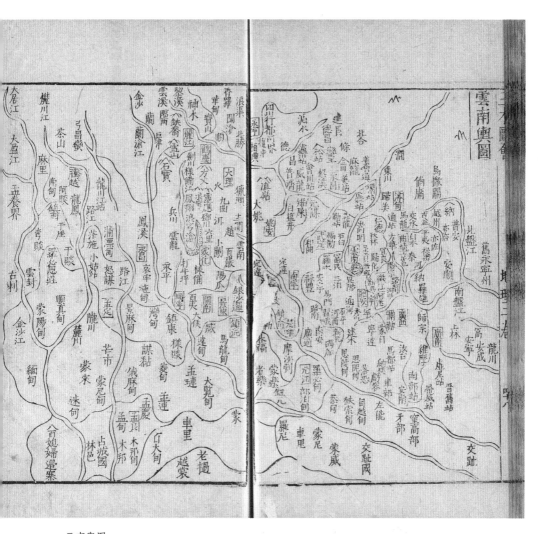

云南舆图

选自《三才图会》明刊本　（明）王圻，（明）王思义\撰

明洪武十五年（1382年）设云南府，属布政司。明代人游历云南时，写下了许多诗句、游记，如唐代陆龟蒙《四明山诗·云南》："云南更有溪，丹砾尽无泥。药有巴賨卖，枝多越鸟啼。夜清先月午，秋近少岚迷。若得山颜住，芝篁手自携。"明代楼琏也曾作《云即事》："五云南国在天涯，六诏山川景物华。摩岁中山标积雪，纳夷流水带金沙。翠蛙鸣入云中树，白雉飞穿洞口花。独有江南征戍客，寻常清梦苦思家。"

游太华山记

  遂出南侧门，稍南下，循坞西入。又东转一里半，南逾岭。岭自西峰最高处东垂下，有大道直上，为登顶道。截之东南下，复南转，遇石峰嶙峋南拥。辄从其北，东向坠土坑下，共一里，又西行石丛中。一里，复上蹑崖端，盘崖而南，见南崖上下，如蜂房燕窝，累累欲堕者，皆罗汉寺①南北庵也。披石隙稍下，一里，抵北庵，已出文殊岩上，始得正道。由此南下，为罗汉寺正殿；由此南上，为朝天桥。桥架断崖间，上下皆嵌崖，此复崭崖中坠。桥度而南，即为灵官殿，殿门北向临桥。由殿东侧门下，攀崖蹑峻，愈上愈奇，而楼、供纯阳。而殿、供元帝。而阁、供玉皇。而宫、名抱一。皆东向临海，嵌悬崖间。每上数十丈，得斗大平崖，辄杙②空架隙成之。故诸殿俱不巨，而点云缀石，互为披映，至此始扩然全收水海之胜。南崖有亭前突，北崖横倚楼，楼前高柏一株，浮空漾翠。并楼而坐，如倚危樯上，不复知有崖石下藉也。抱一宫南削崖上，杙木栈，穿石穴，栈悬崖树，穴透崖隙，皆极险峭。度隙，有小

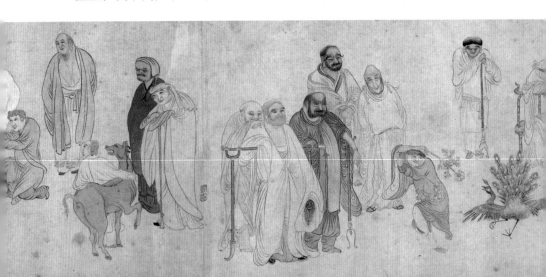

楼粘石端，寝龛炊灶皆具。北庵景至此而极。返下朝天桥，谒罗汉正殿。殿后崖高百仞③。崖南转折间，泉一方渟④崖麓，乃朝天桥迸缝而下者，曰勺冷泉。南逾泉，即东南折，其上崖更崇列，中止漦⑤坪一缕若腰带，下悉陨阪崩崖⑥，直插海底，坪间梵宇仙宫，雷神庙、三佛殿、寿佛殿、关帝殿、张仙祠、真武宫。次第连缀。真武宫之上，崖愈杰竦，昔梁王避暑于此，又名避暑台，为南庵尽处，上即穴石小楼也。更南，则庵尽而崖不尽，穿壁覆云，重崖拓而更合。南绝壁下，有猗兰阁址。

【注释】

① 罗汉寺：罗汉寺因罗汉山得名。

② 杙（yì）：小木桩。

▼《五百罗汉图》（局部）
（明）吴彬　收藏于美国克利夫兰艺术博物馆

明代画家吴彬绘制了几百位迥乎不同的罗汉。罗汉，全称阿罗汉，《成唯识论》："阿罗汉通摄三乘之无学果位，故为佛之异名，亦即如来十号之一。"五百罗汉，并不是真的有五百位罗汉，而是古代印度惯用"五百"等词来表示数量之多，如五百比丘、五百弟子。清代袁枚作有《到石梁观瀑布》："伟哉铜殿造前朝，五百罗汉如相招。"

③ 仞（rèn）：古代长度单位。

④ 渟（tíng）：水积聚而不流动。

⑤ 潆（yíng）：（水流）环绕回旋的样子。

⑥ 陨（yǔn）：毁坏。阪（bǎn）：山坡。

【译文】

　　出了太华寺南侧门，略朝南走，沿着山坞向西行。又转向东行走一里半，往南翻山越岭。这座山岭从西面山岭绝顶向东坠下，有条主路直直通了上去，那便是登顶的路。横跨这条路向东南而下，又转向南方，只见嶙峋的怪石紧紧靠着南边。从山峰北侧下行至土坞里，行一里后，从西边进入石堆。又行一里，在崖壁处向上攀爬，往南方盘山行走。看见南方崖壁下部有像蜂房、燕窝一样的屋宇，错综复杂，似乎马上就要掉下来了，那便是罗汉寺的南北两庵。穿越缝隙慢慢往下走，走了一里来到北庵，没过多久走到了文殊岩上，才算走到了正路上。在此处向南下行，会到罗汉寺正殿；南上，则能到朝天桥。桥架在两处断崖上，上下皆为危崖，崖壁断裂，中间呈下垂状。过了桥向南行，便是灵官殿，门口朝北，对面便是朝天桥。顺着殿东侧的门口往下走，攀爬的是峭壁，走的是险路，向上攀行时愈发感觉奇特，这里有楼阁敬奉纯阳祖师，又有殿堂供着元始天尊，还有阁台供奉玉皇大帝，还有一座叫抱一宫的宫室，它们全都朝东正对着滇池，这些建筑嵌入崖壁内。每每往上攀缘数十丈，就会看到一大块平台，因此人们多会在这些平台上修屋建宇。虽然每座建筑的面积不大，但有云霞和岩石的点缀，相互辉映，让这里显得平坦开阔，并且能将整个滇池的胜景尽收眼底。南边的崖壁处有一座向外突出的亭子，北边的崖壁边有一排排建筑，建

五百罗汉之天台石桥图

（南宋）周季常　收藏于美国弗利尔美术馆

此画为《五百罗汉图》一百幅图中的一幅，描绘的是
罗汉经过不懈的努力而到达天台石桥的场面。

筑前面长有一棵参天柏树，青翠的叶子随风颤动。挨着楼宇坐下，就像正在乘坐一艘高高挂起的帆船，一点都感觉不出来它的下方还有山体在支撑着。抱一宫南面险峻的山岩上，根根木桩铺成了通行的栈道，贯穿整个山洞。栈道穿梭于山崖中的树木里，洞穴透过山中缝隙，显得十分险峻。通过石缝后，看到石崖边建有一座小房子，卧所、佛龛、灶台齐备。到此为止都是北庵的景与物。往返，下朝天桥，在罗汉寺正殿拜了拜佛。罗汉寺后面的山崖极其高大。崖南转角的地方，一汪泉水汇于山脚，水是从朝天桥那边的山缝里流过来的，叫勺冷泉。跨过泉水向南走，立刻转入东南方，这里的山脉更加伟岸，半山腰上盘绕的平路如同一条腰带，路下是塌陷的坡路、开裂的壁石，径直通到滇池内。地面的佛堂仙宫，比如雷神庙、三佛殿、寿佛殿、关帝殿、张仙祠、真武官，整齐地连在一起。真武宫上方，崖石愈发险峻雄奇，梁王曾在这附近避过暑，因而又叫避暑台，这里是南庵的止境，上面是凿开岩石而修建的小房子。再向南走，庵便到了尽头但是山体却还未到尽处，崖壁巍峨，云彩遮蔽，层层山脉分分合合。南边的崖壁下，是猗兰阁的原址。

游颜洞记

从哨①东下坡，复上山登顶。东瞰峡江环峡东入，洞门即在东峡下。余所登山处，正与其上双崖平对，门犹为曲掩，但见峭崖西向，涌水东倾，捣穴吞流之势，已无隐形矣。东北三里，逾岭脊下山。二里，则极东石壁回耸，如环半城，下开洞门北向。余望之有异，从之直下，一里，抵峡中。又一里半，抵东壁下。稍南上，洞门廓②然，上大书"云津洞"，盖水洞中门也。游颜洞以云津为奇：从前门架桥入，出后门，约四五里，暗中傍水行，中忽辟门延景，其上又绝壁回环，故自奇绝。余不能入其前洞，而得之重崿绝巘③间，且但知万象、南明，不复知有云津也，诚出余意外。遂瞰洞而下。洞底水从西南穴中来，盘门内而东，复入东南穴去。余下临水湄④，径之，水阔三丈，洞高五六丈，而东西当门透明处，径可二十丈。但水所出入，直逼外壁，故非桥莫能行。出水西穴，渐暗不可远窥；东为水入穴处，稍旁拓，隔水眺之，中垂列乳柱，缤纷窈窕。

【注释】

① 哨：这里指金鸡哨。

② 廓（kuò）：空阔，广阔。

③ 绝巘（yǎn）：高耸的山峰。

④ 湄（méi）：河岸边水与草交接的地方。

【译文】

　　在金鸡哨东边下了山坡，再爬到顶上。向东往下看去，山峡中的水流环着峡谷向东流进洞里，峡谷东侧就是洞口所在。我登上来的地方，刚好与洞顶两侧的崖壁水平相对，洞口被蜿蜒的山谷遮挡，只见崎岖的石崖面朝西方，汹涌的江水往东倾注而下，江水直冲洞穴，吞并江河的气势已然藏不住了。向东北行进三里，便翻越山脊向下而去。走了二里路，就看到最东边的崖壁回转又耸立，就像半面环形的墙体，开阔的洞口面朝北。我远望那里，觉得异乎寻常，于是望着它一直往下走，走了一里，到达谷中。又行一里半，抵达东边的石壁下。略向南走，就是非常宽敞的洞口了，洞上方写有"云津洞"三字，这便是水洞的中口。游览颜洞，觉得云津洞是其中最瑰异的地方：架桥进洞，洞后而出，估计四五里深，在幽暗的地方依靠水流的方向往前走，走到中间突然发现，其中另有洞口将阳光引入洞内，洞顶壁石回环，让人觉得奇妙无比。我没有进到颜洞的前洞，却能在重重山崖和险绝山谷之中遇到它，我原本只知晓万象洞、南明洞，却不知竟还有云津洞，这对我来说是意料之外的惊喜。于是俯身向下望边看边向下走。洞里的水源来自洞穴的西南方，在洞内盘桓一番后流向东方，继而流进山洞的东南边。我来到岸边，用步子测量洞的尺寸，水面约三丈宽，洞高约五六丈，东西侧中间为洞口的透光之处，大约径二十丈。水是从洞内进进出出地奔流着，接近洞外的壁侧，是没有桥可通行的。西边出水的洞穴，慢慢变得昏暗，无法看到更深远的地方；东边的水流入了洞内，逐步往两旁扩展开，隔水遥望，洞内垂列的钟乳石，多姿多彩，静美动人。

《山水图》

（明）刘度　收藏于中国台北故宫博物院

此图中的山洞为钟乳石山洞。钟乳石是指碳酸盐岩地区的洞穴内的岩石，由于特殊的地质条件，最终形成了瑰异的钟乳石。洞内的钟乳石犹如倒挂的石笋，根根分明。赣滇一带的钟乳石资源尤为丰富，具有很高的欣赏价值。